99 Tipps. für die Grundschule

Heidrun Augendopler | Nikolaus Kirstein

Gesund bleiben im Lehrerjob

Cornelsen

Projektleitung: Franziska Wittwer, Berlin
Redaktion: Daniela Brunner, Kleinenbroich
Umschlaggestaltung: Magdalene Krumbeck, Wuppertal
Gestaltung: LemmeDESIGN, Berlin
Illustrationen: Kristina Wiedemann, Berlin
Layout/technische Umsetzung: Julia Walch, Bad Soden
Die Reihenkonzeption wurde von Cornelia Colditz und Claudia Kahlenberg im Rahmen eines studentischen Wettbewerbs im Studiengang Verlagsherstellung an der HTWK Leipzig (www.verlagsherstellung.de) unter Leitung von Julia Walch, Bad Soden, entwickelt.

www.cornelsen.de

1. Auflage 2015

Druck: CPI – Clausen & Bosse, Leck

ISBN 978-3-589-16078-5

Inhalt gedruckt auf säurefreiem Papier aus nachhaltiger Forstwirtschaft.

Inhaltsverzeichnis

Vorwort

Nach den ersten Unterrichtsjahren voller Elan spüren viele Lehrer mehr und mehr die Belastungen des Schulalltags. Wir kennen die Symptome nur zu gut: mit letzter Reserve den Freitag überstehen, erschöpfter Schlaf am Wochenende und Kranksein bei Ferienbeginn. Ist der Raubbau an den eigenen Energien Voraussetzung für eine gute Arbeit als Lehrer?

Sehr zu denken geben Studienergebnisse zur Arbeitsbelastung von Lehrern: Ca. 20 % müssen wegen psychiatrischer Erkrankungen früher in Pension geschickt werden. Da unser Pensionsantrittsalter bereits angehoben wurde, stellt sich jedem Lehrer die Frage, in welchem körperlichen und seelischen Zustand man zu Pensionsantritt sein wird. Die Liste der Belastungen ist lang: Unterrichtsstörungen durch schwierige Schüler, schlechtes Schulklima, Konflikte mit Eltern, ministerieller Reformeifer, Mangel an Anerkennung usw.

Auf der Suche nach Hilfe lasen wir viele Bücher über Schule und Unterricht. Die eine Sorte von Büchern schwärmt von Traumschulen mit unendlichen Ressourcen an Raum und Personal. Die andere Sorte von Büchern jammert über die schwierigen Schüler von heute, die alle extra behandelt werden müssen. Alle diese Bücher helfen nicht im Unterrichtsalltag in einer ganz normalen Schule mit einem bunten Schülerpublikum.

Wir lieben diesen Beruf, wir unterrichten gerne und wollen besser werden, aber wir wollen nicht ausgebrannt in Frühpension gehen.

Das Buch „99 Tipps – Gesund bleiben im Lehrerjob“ stellt daher konsequent das Wohlbefinden des Lehrers am Arbeitsplatz in den Mittelpunkt.

Zu einem gesunden und seelisch ausgeglichenen Lehrerleben gehört viel Selbstreflexion. Deshalb widmen wir gleich den ersten Abschnitt den eigenen Grundeinstellungen. In den ersten 22 Tipps schildern wir „Glaubenssätze, die beflügeln“, weil die eigenen Einstellungen für ein gesundes Lehrerleben hilfreich sind. Der Weg zum beruflichen Glück ist individuell – jedoch nicht beliebig. Wir sind sicher, Sie werden anhand der Tipps neue Denkanstöße für Ihren persönlichen Weg erhalten.

Im Kapitel „Energie wiedergewinnen“ geht es darum, einen körperlichen und seelischen Ausgleich zu unserem so kräfteraubenden Beruf zu finden. Am Anfang der Lehrerlaufbahn steckt man die Belastungen durch die eigene Jugend noch besser weg. Nach zehn Jahren sieht es dann schon anders aus. Leider bietet das Schulsystem von sich aus zu wenig an. Es sieht so aus, als ob jeder Lehrer einmal selbst auf die Nase fallen muss, um zu erkennen, dass die Gesundheit kein Selbstläufer ist. Bei diesen 24 Tipps wird vielleicht für jeden etwas dabei sein.

Zehn Tipps in diesem Buch widmen sich der Elternarbeit, die ein zentrales Thema in der Grundschule ist. Ohne Elternarbeit geht gar nichts! Ein gutes Auskommen mit den Erziehungsberechtigten ist essenziell. Vor 40 Jahren sahen sich Eltern noch als Anwälte der Lehrer. Uns wurde automatisch Respekt gezollt. Heute sind Eltern die Anwälte ihrer Kinder. Sie treten Lehrern gegenüber kritisch und anspruchsvoll auf. Ihr Vertrauen muss man sich erst erarbeiten. Wir haben einige Ideen zusammengestellt, die Ihnen vielleicht auf diesem steinigen Weg helfen und gleichzeitig Ihre Belastung senken können.

Der vierte Teil unseres Buches beschäftigt sich mit dem Unterrichtsalltag. Einerseits können Kinder selbst im Unterricht mithelfen, andererseits können Kollegen sich gegenseitig unterstützen. Beides nimmt Ihnen Belastung von den Schultern und ermöglicht besseren Unterricht. Wichtiger als man es wahrhaben will ist, sich dem Team seines Schulstandortes zugehörig zu fühlen. Das senkt das Überlastungsrisiko deutlich.

Sechs Tipps beschäftigen sich mit unserem beschädigten Berufsimage. In vielen Fällen trägt die mangelnde soziale

Anerkennung unseres Berufes maßgeblich zu Burn-out-Erkrankungen bei. Unser Vorschlag ist es, den sogenannten Lehrerbashern die Stirn zu bieten. Diese treten mit dem festen Vorsatz an, unsere Arbeit schlechtzumachen, deshalb helfen auch keine Erklärungen oder Rechtfertigungen. In unserem Buch finden Sie Anregungen für schlagfertige Antworten auf vorurteilsbeladene Angriffe. Lernen Sie, unverkrampft darauf zu reagieren!
Im Abschnitt „Mensch, ärgere dich weniger“ wollen wir schlussendlich darauf hinweisen, dass es im Schulalltag schwierige bis unlösbare Probleme gibt. Unsere Tipps sollen dabei helfen, nur den wirklich notwendigen Teil dieser Schwierigkeiten auf sich zu nehmen. Der Rest erledigt sich von selbst.

Wir wünschen Ihnen mit der Lektüre dieses Ratgebers noch mehr gelungene Unterrichtsstunden und -tage als bisher!

Nikolaus Kirstein und *Heidrun Augendopler*

PS: Aus Gründen der besseren Lesbarkeit wird in diesem Buch durchgehend die männliche grammatische Form verwendet. Natürlich sind damit auch immer Frauen und Mädchen gemeint, also Lehrerinnen, Schülerinnen usw.

10 Top-Tipps ... Die Lieblingstipps der Autoren!

Gute Arbeit braucht Mass und Ziel 1

Wer unterrichtet, kennt folgende unzufriedene Gefühle nur allzu gut: Immer hätte man noch etwas verbessern können, nie ist das Optimum erreicht. Dabei macht sich jeder Lehrer den Druck selbst – geschürt von einer Erlasspraxis des Arbeitgebers, die von uns „volle Hingabe“ erwartet. Die selbstkritische und leistungsbereite Einstellung bringt uns viel Erfolg in der Klasse, doch ein wenig Zügelung täte uns gut. Objektiv ist dieser Arbeitsdruck viel zu groß: Burn-out und Frühpension aus Krankheitsgründen betreffen einen hohen Prozentsatz der Lehrer! Ein Umstand, der untragbar ist (Tipp 94).

„Hingabe“ zügeln

› Tipp 94

Um die Ecke gedacht

Denken Sie an Olympialimits: Wer die schafft, ist dabei und Dabeisein ist bekanntlich alles. Die Anforderungen, um bei Olympia schließlich auf dem Podest zu stehen, sind dann ganz andere als vor der Erbringung des Limits.
Bin ich gut genug, um meinen Dienstposten verdient zu haben? Die Antwort hängt für viele von uns aufgrund übergroßer Selbstkritik in der Luft. Doch letztlich ist sie klar: Ja, Sie haben das Limit geschafft (Tipp 77). Sie sind verdientermaßen dabei.

› Tipp 77

Zuerst nach Rezept kochen 2

In der Didaktik wird oft Frontalunterricht gegen Offenes Lernen, Stationenbetrieb und Freiarbeit ausgespielt. In Wirklichkeit schätzen Schüler die Abwechslung verschiedener Methoden. Je nach Unterrichtsthema ergibt sich die Möglichkeit einer bestimmten Methode. Bei der Einführung ins zweistellige Dividieren liegt es Nahe, den Frontalunterricht zu wählen. Wenn Dividieren bereits beherrscht wird, können Arbeitsblätter und Spiele im Stationenbetrieb angeboten werden. In der Ausbildung bekommt man verschiedene Rezepte angeboten, wie man ein Thema erarbeiten, wiederholen oder festigen kann.

Um die Ecke gedacht

Ersetzen Sie das Wort „Lehrer" durch „Köche" und „Unterricht" durch „Menü", und Sie sehen, wie es sich mit den Rezepten verhält. Was ist an einem guten Gemüseomelette auszusetzen, das nach Rezept gekocht wurde? Und welcher Koch beginnt am Anfang seiner Laufbahn nicht mit dem Nachkochen von Rezepten? Manche Sterneköche brüsten sich sogar damit, dass sie extravagante Rezepte aus verschollenen Nachlässen nachkochen. Kein Gourmetpapst würde sich aufschwingen und Kochbücher verteufeln.

Am Anfang helfen Rezepte

In unserer Profession ist es ebenso: Am Anfang helfen Rezepte für den Unterrichtseinstieg oder die Präsentationstechnik sehr. Nach mehrmaligem Ausprobieren kommt dann der eigene Stil dazu. Und auch für den Erfahrenen gilt: Sobald wir neue Methoden ausprobieren wollen, ist es doch geschickt – und viel einfacher – erst einmal ein Rezept nachzukochen (Tipp 65).

› Tipp 65

Gleich mal ausprobieren

Nehmen Sie sich die Kochkunst zum Vorbild: Stöbern Sie in Methodik- und Didaktikbüchern.
Lassen Sie einige Ihrer Unterrichtsstunden nach Rezept ablaufen. Manchmal müssen Sie nur kleine Änderungen vornehmen, um damit zufrieden zu sein. Manchmal schmeckt das Ergebnis nur durchschnittlich. Doch einzelne Teile werden Sie in Ihr ständiges Repertoire aufnehmen. Um Unterrichtsrezepte verwerfen zu können, muss man sie erst ausprobiert haben.

Unterrichtsrezepte ausprobieren, auch wenn sie nicht ganz „Ihrem Stil" entsprechen, wird Sie bereichern.

Oft strengen wir uns an, setzen uns im Unterricht ein, ohne sofort Erfolg zu ernten. Sie sagen sich vielleicht, dass es eine Tugend sei durchzuhalten und dass sich der Erfolg schon irgendwann einstellen werde.
Doch während man auf der Lauer nach solch einem seltenen Moment liegt, sollte einem nicht ein spitzer Stein in die Brust drücken. Das quält Sie nur zu sehr. Räumen Sie den Stein weg oder legen Sie sich anders hin. Sie genießen dann den ersehnten Augenblick viel mehr. Und Sie werden sich gern wieder auf die Lauer legen. Und wieder. Und wieder (Tipp 6).

› Tipp 6

Im Laufe einer Unterrichtswoche sollten Sie die meisten Tage emotional ausgeglichen beenden.
Tage, an denen Sie mit den Schülern alles regeln konnten und keine Konflikte mit nach Hause nehmen, sind wichtige Bausteine für ein zufriedenes Lehrerleben. Solche Tage sind von dem Willen geprägt, sich über die Zusammenarbeit zu verständigen und die Freude auf das nächste Mal hochzuhalten. Dabei ist es nicht so wichtig, ob das auch täglich gelingt. Vielmehr sollten Sie darauf achten, dass Sie häufig genug zu einer Ausgeglichenheit kommen. Der Prozess bleibt für Sie emotional ausgeglichen, solange Sie die Kinder „an Bord" haben.

Keine Konflikte mit nach Hause nehmen

Um die Ecke gedacht

Für Kinder ist eine gute Beziehung zu den wichtigen Personen in ihrem Umfeld von großer Bedeutung. Sie gehen zudem davon aus, dass sie jede Beziehung zum Guten wenden können. Die Ehe ihrer Eltern wollen sie genauso retten, wie ihren Lehrer zufriedenstellen.
Doch die Klasse kann nur dann zu einer guten Stunde beitragen, wenn Sie ihr Ihre Gedanken und Gefühle eröffnen. Deshalb ist es wichtig, dass Sie den Schülern oft und deutlich genug mitteilen, was Sie erwarten und welche Gefühle ihr gerade gezeigtes Verhalten bei Ihnen auslöst (Tipp 24).

› Tipp 24

Gleich mal ausprobieren

Teilen Sie der Klasse am Tagesende mit, was Sie über den Verlauf des Tages denken:

- Zeigen Sie Ihre Zufriedenheit.
- Machen Sie bei Unzufriedenheit einen Vorschlag, wie die Klasse den (nächsten) Tag besser gestalten kann.

› Tipp 63

Gleichzeitig ist es wichtig, dass sich auch die Schüler zum Tag äußern und ihre persönliche Einschätzung abgeben (Tipp 63). Wenn Sie diesen Äußerungen Gehör schenken, schaffen Sie die Basis, dass alle leichten Herzens nach Hause gehen.

4 Bleiben Sie flexibel!

Lehrersein ist komplex

Das zentrale Charakteristikum des Lehrberufs ist der Umgang mit Zielkonflikten und unvorhersehbaren Ereignissen. Lehrersein ist so komplex, dass es nahe liegt, sich Dinge zu vereinfachen. Nach dem Motto „Das ist eben soundso …" bilden sich Stereotype über Schüler, Eltern, Kollegen und Menschengruppen. Es wird in diesem Beruf immer etwas Unvorhersehbares geben. Deshalb bleiben Sie offen und flexibel!

› Tipp 20

Die Herausforderung ist, sich die Flexibilität zu bewahren. Es schleichen sich wie bei jedem Beruf änderungsresistente Routinen ein (Tipp 20).

Gleich mal ausprobieren

Stereotypen notieren

Schreiben Sie einige Stereotypen auf, die sich bei Ihnen angesammelt haben, z. B.: „Türkischstämmige Schüler sind immer soundso …", „Akademikereltern sind immer so …", „Sandwich-Kinder zeigen immer jenes Verhalten …" usw.
Danach schreiben Sie die genau gegenteiligen Aussagen auf und Sie werden sehen, dass Ihnen sofort Kinder einfallen, die ins gegenteilige Schema passen.

Unser Einfluss auf die Kinder ist in der Grundschule relativ groß. Trotzdem ist die wichtige Kleinkind- und Kindergartenzeit (sechs ganze Jahre) schon vorbei. Zudem besteht weiter ein großer Einfluss der Gene und des Elternhauses. Unser Einfluss kann die Entwicklung des Kindes moderieren, aber nicht bestimmen. Wir tragen zu einer relativen Verbesserung bei, aber nicht zu einem absoluten Endzustand.

Joachim Bauer schreibt darüber eindrücklich, „dass man nicht identisch ist mit der Schule, mit dem Zustand seiner Klasse oder den Leistungen der unterrichteten Kinder" (Bauer 2008, 68). Dieses Distanzierungsvermögen ist wichtig, um gesund zu bleiben.

Außerdem muss man als Lehrer lernen, dass man nicht für alles verantwortlich ist. Sie sind nicht herzlos, wenn Sie nur die Verantwortung schultern, die in Ihren professionellen Bereich fällt (Tipp 98).

Lehrer sind nicht für alles verantwortlich

› Tipp 98

Gleich mal ausprobieren

Ergänzen Sie diese Tabelle:

Meine Verantwortung	Nicht meine Verantwortung
Gute Aufgaben bereitstellen	Dass alle auch die schwierigsten Aufgaben können
Dem Schüler Halt geben	Sich seiner familiären Probleme annehmen
Die fehlenden Unterrichtsmaterialien zu fordern	Das städtische Schulbudget zu verändern

6 Mit Jump 'n' Run zum Erfolg

Ein erfüllender Beruf zeichnet sich auch dadurch aus, dass zielstrebiger Einsatz in aller Regel zum Erfolg führt. Immer wieder werden in den Medien besondere Erfolge von Lehrern vorgestellt. Doch lassen die Berichterstattungen meist im Dunkeln, welcher zeitliche Aufwand und welche persönlichen Opfer hinter dem Erfolg stecken. Kollegen, die sich für ein Projekt verausgaben, sind kein gutes Vorbild. Solche aber, die aus der Anstrengung gestärkt hervorgehen, sind sehr wohl Ansporn, selbst auch einmal Besonderes zu leisten.

Durch kurze Umwege lange Durststrecken vermeiden

Das Geheimnis eines Erfolgs, der nicht im Burn-out endet, besteht in der Kunst, durch kurze Umwege lange Durststrecken zu vermeiden. Im Rückblick zeigt sich meist, dass dem großen Erfolg (der Auszeichnung durch die Kultusministerin, der Eröffnung des neuen Lernraums, der Genehmigung eines Schulversuchs usw.) schon viele kleine, stärkende und bestätigende Erfolgserlebnisse vorausgegangen sind.

Was auch immer Ihr „großes" Erfolgsziel ist. Sie brauchen dafür viel Kraft und auch eine Portion Glück. Eine sichere Basis dafür legen Sie mit einem erfolgreichen Schulalltag. Auch der kommt nicht von allein, auch der will verdient sein. Vielleicht verbringen Sie einige Jahre damit, sich den Alltag so einzurichten, dass er nicht mehr so anstrengend ist (Tipp 27). Es sieht dann so aus, als läge Ihr Glück im Kleinen, als wären Sie mit Wenig zufrieden. Und sei es so: Nur 20 Prozent aller Lehrer unterrichten bis zum gesetzlichen Pensionsalter. Wer das schafft, ist allein schon deshalb ausgesprochen erfolgreich.

› Tipp 27

Durch erfolgreichen Alltag Kraft für größere Ziele!

Wahrscheinlicher ist jedoch, dass Sie durch einen erfolgreichen Schulalltag Kraft für größere Ziele erhalten. Allein schon die Sicherheit, dass Sie auf Ihr „Grundgeschäft" vertrauen können, selbst wenn Ihr Plan schiefgeht, wird Sie zum Träumen bringen.

7 Jahresplanungen sind nur Papier

Am Beginn eines Schuljahres müssen wir eine Jahresplanung beim Direktor abgeben. Selbst, wenn wir stundenlang darüber saßen, was wir in der 21. Schulwoche in Mathematik durchnehmen werden, überprüft niemand, ob die 21. Schulwoche tatsächlich mit der Planung des vergangenen Augusts übereinstimmt! Natürlich hat sich in der Zwischenzeit einiges verschoben: Tage sind durch Lehrausgänge ausgefallen; Grippezeiten erforderten häufiges Wiederholen usw. Müssen Sie aufgrund dieser Verschiebungen Ihren Jahresplan neu einreichen? Sehr wahrscheinlich ist das wohl nicht.

Planungen sind keine eidesstattlichen Selbstverpflichtungen

Er ist eine – ehrliche – Absichtserklärung, aber keine eidesstattliche Selbstverpflichtung. Mit einer adaptierten Planung eines Kollegen sind Sie ehrlich genug.

Wer uns jedoch genau auf die Finger schaut, das sind die Eltern (Tipp 57). Sie vergleichen Parallelklassen miteinander und andere Schulen mit der Ihren. Aber auch sie schauen nicht in unsere Pläne oder das Klassenbuch. Man muss den Eltern schlicht und einfach das Gefühl geben, im Stoff gut voranzukommen und kompetent zu sein.

› Tipp 57

Bei Eltern kompetent wirken

Vertrauen Sie darauf, dass Ihre gute Bearbeitung eines Themas Ihren Vorgesetzten wichtiger ist, als die Erfüllung Ihrer Jahresplanung.

8 Frontalunterricht nicht schlecht machen

Die Verausgabungsbereitschaft bei Lehrern ist sehr hoch. Viele von uns haben diesen Beruf aus sozialem Engagement gewählt. Man kann die Welt vielleicht ein Stück weit verbessern. Diese innere Einstellung ist eine wichtige Motivation, aber die Grenzen zur Selbstausbeutung können dabei unklar werden und verschwimmen. Überbordendes Engagement lässt sich außerdem nicht über 40 Jahre im Schuldienst aufrechterhalten!

Überbordendes Engagement kann die Gesundheit gefährden!

Gerade bei Junglehrern fällt auf, dass sie glauben, besonders widerstandsfähig zu sein – bis sie nur mehr „fertig“ sind. In der Ausbildung wird suggeriert, dass jede Stunde ein toller Stationenbetrieb oder Projektunterricht stattfinden muss. Stundenlang wird dann am Nachmittag gebastelt und foliert. Das kann niemand durchhalten! Wo bleibt der physische und der psychische Ausgleich?
Frontalunterricht ist zu 76 % noch immer die führende Sozialform des Unterrichts! Sie sind deshalb nicht ein schlechter Lehrer, wenn Sie wenig gebastelt haben. Gehen Sie pragmatisch heran: Ein Würfelspielplan ist für viele Themen einsetzbar: Bloß die Fragekärtchen müssen ausgetauscht werden. Es müssen nicht 12 Stationen beim Buchstabentag sein: 6 bis 8 reichen auch. Kinder schätzen auch gleich bleibende Abfolgen und ein zu schaffendes Pensum, das gibt ihnen Halt und Sicherheit.
Ist Frontalunterricht in offene Unterrichtsformen integriert, ist er sinnvoll und sogar oft unverzichtbar. Frontale Phasen sind darüber hinaus gut planbar. Ihre Begeisterung und
› Tipp 22 Freude kann überspringen (Tipp 22). Ein neues Sachthema kann gut dargeboten werden. Die Vertiefung erfolgt dann in anderen Unterrichtsformen.
Das Handwerkszeug für selbstständiges Arbeiten wird im Frontalunterricht vermittelt. Strategien müssen gemeinsam erarbeitet werden, bevor sie in Einzel-, Partner- oder Gruppenarbeit angewendet werden können. Gruppenpräsentation, Feedback und Reflexion müssen für alle Kinder gemeinsam zusammengefasst werden. Der Zusammenhalt einer Klasse kann im Frontalunterricht gezielt gefördert werden.
Modern und professionell gestaltete Frontalphasen sind deshalb unverzichtbar, weniger Belastung ganz nebenbei.

Achtung!

Vernetzte Wissensstrukturen entstehen erst durch unterschiedliche methodische und inhaltliche Zugänge zu einem Thema. Die verschiedenen Unterrichtsformen ergän-

zen einander. Es gibt keine einzig selig machende Lehrmethode! Jede für sich allein ist ein Torso. Was der Lehrervortrag bringt, muss dann selbstständig vertieft, verarbeitet und angewendet werden!
Wichtig ist, dass der Lehrer den Unterricht aktiv und minutiös steuert. Die Lehrkraft muss den Unterricht stets „im Griff haben" und „die Verantwortung dafür übernehmen, dass und wie gelernt wird" (GEO, Mai 2013). In der Grundschule entscheidet auch das Milieu darüber, welche Methode erfolgreicher ist. Gerade sozial benachteiligte und bildungsferne Schüler sind von der Selbststeuerung überfordert.

9 Das Auffüllen von Energiereserven einplanen

Misslungene Stunden sind normal

Im Laufe einer Woche gelingen einzelne Stunden überhaupt nicht. Das ist ganz normal und kein Grund für ein schlechtes Gewissen. Im Gegenteil: Die besondere Anstrengung während solcher Stunden, wenn man versucht, das Ruder noch einmal herumzureißen, und der Ärger danach, verbrauchen viel Energie. Wenn Sie eine stressbeladene Woche vor sich haben, dann zehrt schon eine misslungene Stunde an Ihren Reserven. Darunter leiden in der Folge auch alle anderen Stunden.

Gleich mal ausprobieren

Notieren Sie sich eine Woche lang möglichst genau, wie viele Stunden – aus welchem Grund auch immer – nicht geklappt haben.
Sie werden dabei darauf kommen, dass es gar nicht so viele Stunden sind und dass es meist auch eine Ursache dafür gibt (Tipp 11).

› Tipp 11

Typische Ursachen sind beispielsweise:

- Sie sind zu spät in die Schule gekommen und daraus ergibt sich dann automatisch ein hektischer Arbeitsbeginn.

- In der Grundschule sind auch besondere Wetterlagen (z.B. Fön) schuld an missglückten Vormittagen oder schlicht und einfach der Vollmond.
- Oder es gab einfach zu viele Störungen im Unterricht (Erbrechen eines Schülers, Feueralarm ...).
- Meist bleiben die letzten und unruhigsten Stunden mehr im Gedächtnis als die ruhigen Morgenstunden, weil sie uns mehr beschäftigen.

Auch wenn Ihnen Ihr besonderes Engagement viel Befriedigung bringt, darf es nicht an Ihre Substanz gehen. Nach jeder intensiven Arbeitswoche brauchen Sie eine ruhige: Es ist immer wieder ein befreiendes Erlebnis, wenn eine Unterrichtswoche ohne besondere Anstrengungen gut gelingt. (Tipp 41)

› Tipp 41

Extras nur ohne Substanzverlust

Bereiten Sie nur dann sehr aufwändige Stunden vor, wenn Sie überschüssige Energie haben. Achten Sie auf Ihre Energiereserven. Nur so können Sie die Qualität Ihres Unterrichts über lange Zeit sichern. Die Schüler profitieren nicht von ausgebrannten Lehrern. Geht es Ihnen aber gut, dann geht es auch den Schülern gut.

10 Energiehaushaltstorten

Die Selbstuntersuchung zum Thema Burn-out nach A. Hillert (2007) kann Ihnen helfen, Ihren persönlichen Energieverbrauch bzw. -gewinn im Schulalltag unter die Lupe zu nehmen. Sie sehen sofort, aus welchem Bereich Sie mehr Nutzen ziehen als Sie investieren und umgekehrt.

Dabei gibt es kein „gesundes Verhältnis“ von beiden. Für einen Idealisten ist es beispielsweise angemessen, in die Schule viel zu investieren und in der Freizeit weniger aufzutanken. Sie selbst wägen ab, welche Anteile und Verhältnisse für Sie gut sind.

Die Energietorte kann diese Überlegung visuell konkretisieren (Tipp 19).

› Tipp 19

Gleich mal ausprobieren

Unterteilen Sie die folgenden beiden „Energietorten“ anteilsmäßig.

Torte 1:
Wie viel Energie investieren Sie in einer Arbeitswoche in folgende Tätigkeiten?

Unterrichtsstunden: ______ Prozent

Vor- und Nachbereitung des Unterrichts: ______ Prozent

Haushaltsversorgung: ______ Prozent

Freizeit: ______ Prozent

Anderes ____________________: ______ Prozent

Torte 2:
Wie viel Energie ziehen Sie aus den betreffenden Tätigkeiten?

Unterrichtsstunden: ______ Prozent

Vor- und Nachbereitung des Unterrichts: ______ Prozent

Haushaltsversorgung: ______ Prozent

Freizeit: ______ Prozent

Anderes ____________________: ______ Prozent

11 Erfolgsfresser eliminieren

Erfolg kann für jeden etwas anderes bedeuten: Vom Tellerwäscher zum Millionär, viel Einkommen an der Steuer vorbeischmuggeln, einmal auf dem Mont Blanc stehen, mit Promis per du sein, die innere Ruhe finden.

Und in Ihrem Lehrerleben? Welchen Erfolg streben Sie an? Haben Sie konkrete Erfolgsziele für Ihre Schullaufbahn? Sehen Sie sich insgesamt als erfolgreich?

Erfolg kommt nicht von ungefähr. Die Zutaten sind Anstrengung und Einsatz über viele Jahre hinweg – von der Bachelorprüfung, über die ersten Unterrichtsjahre bis heute. Auf diese Erfolge können Sie stolz sein. Und trotz der gesellschaftlichen Vorurteile, die unserem Beruf häufig entgegengebracht werden: Alle Ferien, die Sie genießen, sind wohlverdient. Jeder Euro Ihres Einkommens sowieso. Wichtig ist, dass sie weiterhin Erfolg im Beruf suchen und haben!

Erfolgreiche Stunden als Ressourcen für weitere Erfolge

Die Basis für Ihren Erfolg ist ein erfolgreicher Schulalltag. Viele gute Stunden unter angemessener Anstrengung bilden die Pflastersteine einer tragfähigen Straße, die Sie zu weiteren Gipfeln führen kann, – ob dies eine Funktion im Kollegium ist oder eine Erweiterung der Lehrberechtigung. Für solche besonderen Erfolge aber brauchen Sie Ressourcen, die nur allzu leicht vom Alltag aufgezehrt werden. Zu schnell geht der Glanz vieler Ihrer Einzelerfolge im Schulalltag wieder verloren. Viel zu oft trüben die Mühen den Blick für die vielen täglichen Erfolge. Die Schulwoche erscheint dann als graue Schlucht, durch die man möglichst schnell hindurch muss. Eliminieren Sie Erfolgsfresser, damit Sie sich länger über Ihre Erfolge freuen können.

Gleich mal ausprobieren

Was lässt mich meine Erfolge zu schnell vergessen?

- Klassen, aus denen ich mit Ärger hinausgehe (Tipp 24),
- Anstrengungen für die Bürokratie (Tipp 69),
- auspowernde Unterrichtstage (Tipp 47),
- Tage, an denen ich nichts Neues erfahre (Tipp 95).

› Tipp 24
› Tipp 69
› Tipp 47
› Tipp 95

12

Qualitätskriterien für guten Unterricht

Was ist eigentlich guter Unterricht? Welche Unterrichtsgestaltung ist erfolgreich? Hilbert Meyer (2014) beschreibt guten Unterricht als einen Unterricht, in dem

1. im Rahmen einer demokratischen Unterrichtskultur,
2. auf der Grundlage des Erziehungsauftrages
3. und mit dem Ziel eines gelingenden Arbeitsbündnisses
4. eine sinnstiftende Orientierung
5. und ein Beitrag zur nachhaltigen Kompetenzentwicklung

aller Schüler geleistet wird.

Unterrichten ist komplex

Das ist mehr als „ein guter Lehrer sein“ oder „die Klasse im Griff haben“. Es ist ein Hinweis auf die Komplexität unserer Arbeit. Die genannten Kriterien sind zunächst Absichten, die von Amateuren und Profis geteilt werden dürften. Sie müssen im nächsten Schritt gut umgesetzt werden.

Kann man konkret sagen, was guten Unterricht ausmacht? Kann unser Handeln objektiv beurteilt werden? Woran kann auch das mitdiskutierende Publikum erkennen, dass hier guter Unterricht stattfindet?

Im Folgenden werden zehn Merkmale guten Unterrichts genannt (Hilbert Meyers Kriterienmix):

- Klare Strukturierung des Unterrichts (Prozess-, Ziel- und Inhaltsklarheit; Rollenklarheit, Absprache von Regeln, Ritualen und Freiräumen)
- Hoher Anteil echter Lernzeit (durch gutes Zeitmanagement, Pünktlichkeit; Auslagerung von Organisationsarbeit; Rhythmisierung des Tagesablaufs)
- Lernförderliches Klima (durch gegenseitigen Respekt, verlässlich eingehaltene Regeln, Verantwortungsübernahme, Gerechtigkeit und Fürsorge)
- Inhaltliche Klarheit (durch Verständlichkeit der Aufgabenstellung, Plausibilität des thematischen Gangs, Klarheit und Verbindlichkeit der Ergebnissicherung)
- Sinnstiftendes Kommunizieren (durch Planungsbeteiligung, Gesprächskultur, Sinnkonferenzen, Lerntagebücher und Schülerfeedback)

- Methodenvielfalt (Reichtum an Inszenierungstechniken; Vielfalt der Handlungsmuster; Variabilität der Verlaufsformen und Ausbalancieren der methodischen Großformen)
- Individuelles Fördern (durch Freiräume, Geduld und Zeit; durch innere Differenzierung und Integration; durch individuelle Lernstandsanalysen und abgestimmte Förderpläne; besondere Förderung von Schülern aus Risikogruppen)
- Intelligentes Üben (durch Bewusstmachen von Lernstrategien, passgenaue Übungsaufträge, gezielte Hilfestellungen)

Verschiedene Wege führen zum Ziel

Sie sehen, dass sich viele Kriterien überschneiden, Das spiegelt auch die Erfahrung der Wissenschaft bei Best-Practice-Untersuchungen wider: Etliche Wege führen zum Ziel. In gutem Unterricht, das meinen jedenfalls viele Autoren, mögen einzelne Kriterien stark betont werden, doch wird kein einziges gänzlich vernachlässigt. Unterrichten ist eben eine sehr komplexe Aufgabe (Tipp 3).

› Tipp 3

Imagepflege im Kollegium

13

Die anderen sind immer die besseren Lehrer! Mit dieser Annahme zieht man sich selber hinunter. Manche Lehrer betreiben gutes Selbstmarketing (Tipp 83). Sie tun so als gebe es nie Selbstzweifel und schwierige Unterrichtssituationen. Wenn Sie glauben, jene sind bessere Lehrer, dann täuschen Sie sich. Die anderen kochen auch nur mit Wasser (Tipp 76)! Laut der Zeitschrift Geo vom Mai 2013 ist es egal, ob ein Lehrer introvertiert oder lautstark, zugewandt oder distanziert ist – das hat kaum einen messbaren Einfluss auf die Leistungen der Schüler.

› Tipp 83

› Tipp 76

Es ist egal, welcher Lehrertyp man ist!

Nach Erkenntnissen der Hirnforschung benötigt der Kopf vielfältige Zugänge zu einem Thema, um sich den Stoff möglichst gut einzuprägen. Dieses Wissen muss regelmäßig aktiviert werden, um es verlässlich zu speichern, d. h., wiederholen, wiederholen und wiederholen.

Um die Ecke gedacht

Aus der Tatsache, dass ein Lehrer sich gut verkauft, also engagiert wirkt, lässt sich nicht ableiten, dass die Schüler auch bei ihm viel lernen. Das musste auch Bill Gates feststellen, als er 500 Beobachter zu 3000 Lehrern schickte, um sie zu beobachten. Ihre Beurteilungen stimmten nicht nur nicht miteinander überein, sondern sie sagten auch nichts über die tatsächlichen Lernleistungen der Schüler aus.

Guter Unterricht ist nicht von außen sichtbar

Gleich mal ausprobieren

Also gehen Sie bereits morgen selbstbewusst mit erhobenem Kopf ins Lehrerzimmer (Tipp 64)!

› Tipp 64

Fünf Gebote der Zufriedenheit

14

Unabhängig von seinem Unterrichtsstil und seinen Zielen, macht einen guten Lehrer aus, dass er seine Arbeit nach diesen Leitsätzen weiterentwickelt:

1. Bilde dich, wo du es brauchst (Tipp 15).
2. Meide Situationen, in denen du schlecht abschneidest (Tipp 16).
3. Mache im Unterricht, was dich interessiert (Tipp 22).
4. Mache besonders oft, was du gut kannst (Tipp 17).
5. Überlege dir, was du wirklich bewegen willst und musst (Tipp19).

› Tipp 15
› Tipp 16
› Tipp 22
› Tipp 17
› Tipp 19

Arbeiten Sie an Ihrer Fachkompetenz, leben Sie mit Ihren Defiziten, machen Sie Platz für Ihre Interessen, bauen Sie auf Ihre Stärken und definieren Sie Ihre Ziele. Egal, in welchem Dienstjahr Sie sich befinden, mit den fünf Leitsätzen sorgen Sie zugleich für guten Unterricht und Ihr Wohlbefinden.

15 Kompetenz erweitern

Lehrer sind keine lebenden Enzykliken, aber Kompetenz ist hilfreich. Und Wissen über Kommunikation, Methodik, Gruppendynamik usw. hilft ebenfalls. Auf welchem Gebiet auch immer Sie sich unsicher fühlen, besuchen Sie ein Seminar, lesen Sie Bücher, investieren Sie in sich. Sie werden im Laufe eines Schuljahres mit unzähligen Stoffgebieten konfrontiert. Vielleicht glauben manche Leute, dass Lehrer in der Lehrerausbildung den gesamten Stoff erlernen, den sie dann in den nächsten dreißig Jahren unterrichten: als Wikipedia-Roboter quasi. Das wäre allerdings ein Bore-out-Albtraum.

Gleich mal ausprobieren

- Überlegen Sie sich, auf welchen Gebieten Sie gern mehr Kompetenz hätten.
- Wählen Sie nur ein Gebiet aus, dem Sie sich im kommenden Schuljahr widmen.
- Vielleicht finden Sie bezüglich des Kompetenzgebiets ein Zertifikat, eine Prüfung oder Ähnliches als zusätzliche Lernmotivation.
- Vielleicht gewinnen Sie eine Kollegin für Ihr Thema, sodass Sie es sich gemeinsam erarbeiten können (Tipp 2).

› Tipp 2

16 Defizite akzeptieren

Defizite sind o.k. – Sind sie das wirklich? Bei uns Lehrern, die wir ständig begutachtet werden? Am liebsten hätte ich keine einzige Schwäche. Und nicht zu jeder Schwäche, zu jedem Unvermögen kann ich stehen oder darüber mit anderen lachen. Und gewiss ist, dass gerade diese Schwächen zum unpassendsten Zeitpunkt in Erscheinung treten (Tipp 93).

› Tipp 93

Zu den eigenen Defiziten stehen

Die Defizite, zu denen wir stehen, machen uns keine Sorgen. Defizite, die uns peinlich sind, können in der Schule jedoch unangenehm werden. Man kann uns diesbezüglich beleidigen, einen wunden Punkt bei uns treffen und uns aus der Fassung bringen. Das kann auch mitten in der Unterrichtsstunde passieren.

Vorbild im Umgang mit Schwächen sein

Sind Defizite o.k.? Sicherlich leidet der Unterricht unter unseren Schwächen. Er leidet aber auch unter den Schwächen der Schüler, den Schwächen der Schulausstattung usw. Stoppen wir das Gejammer und sehen wir der Realität ins Auge: Defizite sind o.k., weil die Kinder lernen sollen, wie Erwachsene mit Schwächen umgehen. Das können Sie aber nur von Erwachsenen, die über ihre Anstrengungen, Fehlschläge und ihre Grenzen sprechen.

Defizite sind zudem o.k., weil Ihre Stärken viel wichtiger sind. Sie fühlen sich mit vielen Unterrichtsmethoden wohl und haben Erfolge. Anderes gelingt dafür nie so richtig. Und das ist in Ordnung.

Gleich mal ausprobieren

- **Finden Sie Unterrichtsmethoden und Situationen heraus, in denen Sie schlecht abschneiden.**
- **Vermeiden Sie diese in Zukunft.**

Wer nicht fesselnd vortragen kann, sollte auf mündlichen Stoffvortrag verzichten. Wer an der Tafel undeutlich schreibt, wird auf Folien zurückgreifen. Wem Gruppenarbeiten nicht gelingen, der sollte es bei Partnerarbeiten belassen (Tipp 72). Die Schüler schätzen unsere Professionalität, die sich auch darin ausdrückt, dass wir die Situationen meiden, die wir nicht so gut handhaben können.

› Tipp 72

Vermeiden ist gut!

Sicher sollen Sie immer wieder etwas Neues ausprobieren, um sich und Ihre Fähigkeiten besser kennenzulernen. Doch wenn Sie merken, dass Ihnen ein Vorhaben wiederholt misslingt, dann hören Sie einfach auf damit. Es gibt immer einen anderen Weg.

17 Stärken erkennen

Was können Sie gut? Haben Sie sich in letzter Zeit überlegt, worin Ihre Stärken bestehen? Jede Lehrperson braucht das Wissen um ihre Stärken. „Sie können gut erklären", sagen mir die Schüler oft. Folglich plane ich Stunden, die viele Fragezeichen in den Köpfen der Schüler entstehen lassen. „Können Sie mir das erklären?" – „Ja, das kann ich gut." Der Dank ist mir sicher – und das mit wenig Anstrengung.

Unterrichten ist eine persönliche Dienstleistung, deren Qualität gerade in den Stärken der dienstleistenden Person liegt. Im Kontakt zu den Schülern punkten wir nicht mit standardisierter Leistung, sondern mit unseren persönlichen Stärken. Während in Didaktikseminaren intensiv über Gebote und Sündenregister der Unterrichtsgestaltung diskutiert wird, bedarf es für einen gelungenen Unterricht weniger der Pflichterfüllung als der Selbsteinschätzung und Eigenerfahrung. Wenn sich die Lehramtsstudenten charakterlich an die ideale Unterrichtsmethode anpassen, werden viele Talente brach liegen gelassen (Tipp 4).

Selbsteinschätzung und Eigenerfahrung sind wichtig

› Tipp 4

Es lohnt sich, immer wieder die eigenen Stärken in den Blick zu nehmen: Nutzen Sie als erste Informationsquelle die Kinder. Kinder sagen meist frei heraus, was sie an Ihnen gut finden. Für eine tiefergehende Betrachtung Ihrer Stärken benötigen Sie Kollegen, die Sie in Ihrem Auftrag beim Unterrichten beobachten. Nutzen Sie eventuelle Teamteaching-Stunden auch für diesen Zweck.

Gleich mal ausprobieren

- Machen Sie einen Selbsttest, wie z. B. den VIA-Online-Test zu Signaturstärken (www.authentichappiness.sas.upenn.edu) von Dr. Martin Seligman. Mit diesen Ergebnissen fällt es Ihnen sicherlich leicht, Ihre Top-Stärken wieder in den Fokus zu bekommen.
- Finden Sie die Unterrichtsformen, die Ihre Stärken betonen.

Begeben Sie sich in der vielfältigen didaktischen Literatur auf die Suche nach passenden Unterrichtsmethoden und probieren Sie diese aus (Tipp 15). Es stimmt schon: Das bedeutet eine zusätzliche Belastung für Ihren Arbeitsalltag. Vielleicht sollten Sie mit einer neuen Methode pro Schuljahr beginnen. Dann werden Sie sicherlich Lunte riechen und immer mehr Stunden nach Ihren Stärken ausrichten. Damit verbessern Sie Ihre eigene Zufriedenheit und – quasi als Nebenprodukt – auch die Qualität Ihres Unterrichts.

› Tipp 15

Eine neue Methode pro Schuljahr

18 Sich selbst ein Stärken-Zertifikat ausstellen

Nehmen Sie sich regelmäßig Zeit – z. B. alle zwei Jahre – Ihre Stärken auszuformulieren. Stellen Sie sich selbst ein Zertifikat für Ihre Stärken aus.
Sie werden die unten genannten Fragen genauer beantworten können, wenn Sie Ihre Stärken und Wünsche im Unterricht immer mehr einbringen. Dies wird dazu führen, dass Sie fröhlich und unbeschwert aus jedem Arbeitstag gehen. Stärken Sie Ihre Stärken und realisieren Sie Ihre Träume von Unterricht! Solange Sie Ihre Schwächen zukitten, arbeiten Sie gegen sich.

Nicht gegen sich arbeiten

Gleich mal ausprobieren

Beantworten Sie die folgenden Fragen auf einem wertvoll wirkenden Papier:

- Worin bin ich in meinem Job gut? (Tipp 12)
- Welche Unterrichtssituationen machen mich glücklich? (Tipp 19)
- Was begeistert mich an der Einrichtung „Schule“? (Tipp 95)
- Welcher Umstand gibt mir das Gefühl, etwas zu leisten? (Tipp 1)
- Auf welche bisherigen Leistungen bin ich besonders stolz? (Tipp 13)
- Welche Situationen erlebe ich gern mit meinen Schülern? (Tipp 14)

› Tipp 12
› Tipp 19
› Tipp 95
› Tipp 1
› Tipp 13
› Tipp 14

19

Eigene Ziele verfolgen

Wir sind in unserem Beruf mit Haut und Haar gefordert und werden so zu Berufenen. Unseren Job kann man nicht ohne ein sehr persönliches großes Ziel ausüben. Für viele ist die Wissensvermittlung wichtig, für viele die Erziehung, für wieder andere die Gestaltung des Schulalltags, für eine weitere Gruppe die Erneuerung der Schule – und innerhalb dieser individuellen Schwerpunkte gibt es noch unzählige Facetten.

Instanz für Zielkontrolle suchen

Schwierig dabei für uns Lehrer ist, dass wir sehr viele Freiheiten genießen. Wir vermissen die urteilende Instanz, die uns immer wieder in unseren Anstrengungen bestärkt. Die Freiheit verlangt von jedem, sich um die eigenen Ziele selbst zu kümmern. Sie müssen sich die Instanz, die Ihre Anstrengungen mit Ihren Zielen vergleicht, selbst suchen.

Ihre Ziele werden Sie dann anspornen und erfüllen, wenn Sie sie auf konkrete Tätigkeiten herunterbrechen können. Das verlangt immer wieder Nachdenkzeit und Gespräche mit vertrauten Personen (Tipp 64). Pflegen Sie Ihre Ideale als einen wertvollen Mosaikstein des Gesamtbilds „Schule“.

› Tipp 64

Gleich mal ausprobieren

- Wählen Sie ein „großes Ziel“ aus.
- Suchen Sie nach einer Autorität, deren Lob Sie bei Erreichen des Ziels gern hätten (geschätzte Kollegen, kompetente Fachleute, anerkannte Gremien usw.).
- Finden Sie Gleichgesinnte für erbauliche Utopie-Gespräche.
- Entdecken Sie, wie sich die Utopie in Ihren eigenen Handlungen spiegelt.

Es gibt nicht „den idealen Lehrer“, aber es gibt Dinge, die Sie wirklich bewegen wollen. Es gibt Ihre persönlichen Ziele, die für Sie und die Schule wichtig sind. Hegen und pflegen Sie diese.

Aufgesetzte Ziele abstreifen

20

Wenn zwei Ihrer Ideale bzw. Ziele miteinander in Konflikt geraten – wie z. B. die Selbstständigkeit der Schüler zu fördern und im Unterricht Ruhe herzustellen –, dann lohnt es sich, genauer hinzuschauen. Welches Ziel bringt Ihnen Freude? Welches Ziel bringt ausschließlich Anstrengung mit sich? Nur die Ziele, die Sie wirklich erfüllen, rechtfertigen besondere Anstrengungen. Alle Kraft, die Sie für „aufgesetzte" Ziele verwenden, laugt Sie auf lange Sicht aus. Finden Sie diese Ziele!

Aufgesetzte Ziele erkennen

Doch wie kann man erkennen, dass ein Ziel aufgesetzt ist? Sicherlich erleben Sie auch manchmal Momente bedrückender Anstrengung, in denen Sie sich überwinden müssen, den Schülern gegenüber eine bestimmte Rolle einzunehmen. Das ist der beste Hinweis dafür, dass das dahinterliegende Ziel möglicherweise nicht mit Ihren Idealen übereinstimmt.

Es liegt in der Natur der Sache, dass sich jeder aus den vielen kursierenden Idealen und Zielen die attraktivsten heraussucht. Einige wenige Ideale werden auch immer wieder in Film, Fernsehen und Büchern wiederholt und bilden den Mainstream. Nur weil Sie ein Ideal verfolgen (selbstständige Schüler z. B.), heißt das aber noch nicht, dass es wirklich zu Ihnen passt. Ein Ziel, das Sie nur anstrengt und stets versagen lässt, müssen Sie aufgeben. Ein Ziel aber, das – bei aller Anstrengung und Entbehrung – Erfolge und Anerkennung für Sie bereithält, sollten Sie weiterverfolgen und gut pflegen.

In der Natur unserer Arbeit liegt zudem das Gefühl, der Kollege mache es besser. Wir sehen, wie in anderen Stunden Dinge passieren, die wir selbst so nicht hinbekommen: Motivierte Schüler arbeiten selbstständig, alle sitzen ruhig und hören zu, hohe Fertigkeiten, gutes Benehmen, ermutigender Umgang mit Leistungsschwachen usw. Das alles würde man selbst auch gern können! Nehmen Sie Ihre Gefühle des Neids als Hinweis darauf, dass Sie selbst Ziele verfolgen, hinter denen Sie nicht wirklich stehen.

Eigene Ziele überdenken

Gleich mal ausprobieren

- Notieren Sie sich einen Moment voll bedrückender Anstrengung aus Ihrem Schulalltag.
- Beschreiben Sie das Ziel, dem Sie in dieser Situation entsprechen wollten.
- Löst es bei Ihnen Ehrfurcht aus? Vielleicht ein laues Gefühl der Verpflichtung?
- Hinterlässt die Anstrengung – auch bei Erfolg – Verbitterung?
- Dann passt dieses Ziel nicht zu Ihnen. Ziehen Sie es wie eine zu kleine Jacke aus!

Distanz zur eigenen Arbeit aufbauen

Ein motivierender Aspekt an Idealen ist, dass sie Bedürfnisse und Aktivitäten auslösen, obwohl man sich mit Teilerfolgen zufriedengeben muss. Unser Balanceakt besteht nun darin, der unüberwindbaren Distanz zum Ideal mit einer Distanz zum eigenen Tun zu entsprechen. Oder umgekehrt: Wer keine Distanz zur eigenen Arbeit aufbaut – d. h. zu jeder Tageszeit an die Schule denkt (Tipp 97) bzw. in der Nacht und am Wochenende arbeitet – muss wohl daran glauben, die eigenen Ideale wirklich erreichen zu können und ein Alleskönner zu sein (Tipp 98). So eine Perfektion ist aber keine Anstellungsbedingung für Lehrer.

› Tipp 97
› Tipp 98

Den Job mache ich doch auch, um meine Miete bezahlen zu können. Daran ist nichts Ideales. Dafür lohnt sich eigentlich auch keine besondere Anstrengung – es bleibt eine Pflichtübung. Das Schöne an unserem Beruf ist jedoch, dass wir die Pflichtübung mit uns erfüllenden Zielen verbinden können. Wählen Sie nur solche, die zu Ihnen passen.

21 Die Vorsatzpyramide

Sollten Sie Ihre Arbeitsweise ändern wollen, werden Sie am meisten Erfolg haben, wenn Sie in kleinen, machbaren Schritten vorgehen. Dafür ist die Vorsatz-Pyramide eine praktikable Methode, die aus gut gemeinten „Silvester-Vorsätzen“ realistische und zu schaffende Änderungen herausfiltert (Tipp 86). Übersetzen Sie den Vorsatz in konkrete Tätigkeiten. Behandeln Sie sich selbst wie einen Roboter, dem man genaue Anweisungen geben muss. Machen Sie unbedingt aus Unterlassungswünschen konkrete, positive Handlungen! Daraufhin bestimmen Sie die Zeit, die Sie für diese Tätigkeiten regelmäßig investieren wollen, sowie ein Ende des Versuchszeitraums.

› Tipp 86

Positive Vorsätze mit zeitlichem Rahmen

Auf diese Weise finden Sie schnell heraus, wie sehr die Änderung Sie entlastet, oder ob Sie noch etwas anderes ausprobieren müssen. Und das Beste daran ist, dass einen nicht mehr das schlechte Gewissen plagt: Indem Sie aus einem Vorsatz konkrete Tätigkeiten machen, können Sie im Falle des Scheiterns nicht mehr Ihren „inneren Schweinehund" verantwortlich machen, sondern nur mehr Ihre zuvor getroffene Einschränkung und Konkretisierung des Vorsatzes. Scheitern wird zu einem Sachproblem – allein das entlastet.

Beispiel:

Mein Vorsatz:	*Ich will mich untertags nicht mehr so abhetzen*
Davon ist schaffbar:	*Zwei „echte" Pausen pro Tag*
Konkret kann ich das tun:	*In zwei Pausen sich nicht auf die nächste Stunde vorbereiten müssen*
Positiv formuliert heißt das:	*Die Unterlagen schon in der Früh vorbereitet haben*
Zeitaufwand:	*Zehn Minuten am Morgen, um die Unterlagen zurecht zu legen*
Versuchszeitraum:	*Zwei Wochen*
Entlastung:	*Am Nachmittag spürbar mehr Kraft zu haben*

Sollten Sie wider Erwarten keine Zeit finden, dann ändern Sie einfach den Zeitaufwand auf „Zehn Minuten nach dem Tagesunterricht die Unterlagen zurechtlegen“ oder einen anderen Punkt der Pyramide. Experimentieren Sie!

Gleich mal ausprobieren

Mein Vorsatz: ______________________________

Davon ist schaffbar: ______________________________

Konkret kann ich das tun: ______________________________

Positiv formuliert heißt das: ______________________________

Zeitaufwand: ______________________________

Ende des Versuchszeitraums: ______________________________

Entlastung: ______________________________

Interesse einbringen

22

Als Grundschullehrer sind wir die „Zehnkämpfer“ unter den Lehrern. Wir unterrichten Deutsch, Mathematik, Sachunterricht, Musik, Turnen, Kunst und Englisch. Außerdem sind Grundschullehrer Meister der Didaktik: Wir sind meist die Vorreiter für Projektunterricht, Stationenbetrieb, offenes Lernen, Montessori, Freinet usw. Dennoch gibt es unter uns die Musiker, die Malkünstler, die Sachunterrichtsfreaks usw. Nur dieser Gesamtunterricht gibt uns die Möglichkeit, Dinge vermehrt einzubringen, die uns besonders interessieren (Tipp 17). Ich liebe z. B. den Sachunterricht. Da kann es

› Tipp 17

schon passieren, dass mehr als drei Stunden zu dem Thema „Weltall“ gearbeitet wird. Wir Grundschullehrer können sehr oft Dinge umsetzen, die uns interessieren – wir müssen es nur tun.
Sie kennen dieses elektrisierende Gefühl der Vorfreude auf eines Ihrer Lieblingsthemen oder auf eine spannende Unterrichtsmethode. Sie wissen, dass Ihnen diese Stunden besonders gut gelingen werden. Sie werden besser sein denn je! Es ist Ihr Interesse, das den Funken der Begeisterung auf die Kinder überspringen lässt.
Ganz anders geht es einem in Stunden, die einem nicht besonders liegen: Sie sind eine lästige Pflichtübung. Der Stoff ist einem selbst nicht so wichtig. Auch in der Grundschule lassen sich solche Stunden nicht vermeiden. Mit dem Gedanken an das nächste Lieblingsthema allerdings kriegt man das schon professionell hin.
Trauen Sie sich, Schwerpunkte zu setzen, die Ihnen wirklich viel Spaß machen. Halten Sie Ihre eigenen Interessen wach und bleiben Sie begeistert!
Best-Practice-Beispiele zeigen, dass gute Lehrer das tun, was sie besonders gut können: Sie wenden Methoden an, die Ihnen liegen und sie setzen inhaltliche Schwerpunkte auf Themen, die sie selbst besonders interessieren.

Gleich mal ausprobieren

Bei der Jahresplanung am Beginn des Schuljahres überlegen Sie sich, was Ihnen wirklich Spaß machen würde und was weniger. Denken Sie ganz egoistisch: Es ist Ihr Unterricht und nicht der des Ministeriums. Sie werden viele erfüllende Stunden haben, wenn Sie viel von dem behandeln, was Sie interessiert (Tipp 7).

› Tipp 7

23 Schulweg ohne Kopiergerät

Kaum sind Sie aus dem Haus, schon drehen sich Ihre Gedanken darum, wie Sie noch vor der ersten Stunde die dringend benötigten Arbeitsblätter in Klassenstärke dem Kopierer beidseitig, gelocht und geheftet abringen können. In gut gemeinter Vorbereitung gehen Sie im Kopf noch mal Ihre To-do-Liste durch. Bis Sie im Lehrerzimmer ankommen, haben Sie zwar nichts von alledem erledigt, aber Ihr Stresslevel ist schon am Anschlag.

Kein Stress am Arbeitsweg

Besonders belastend ist der Schulweg, wenn Sie selbstbezichtigende Gedanken wälzen: „Typisch ich, dass ich wieder mal voll im Hintertreffen bin." Auch Vorstellungen von möglicherweise schwierigen Situationen lassen die Stimmung sinken und geben dem Stress früher Raum als notwendig.

Steigen Sie aus dieser Abwärtsspirale aus! Holen Sie Ihre Gedanken zurück ins Hier und Jetzt.

Gleich mal ausprobieren

Nehmen Sie sich auf dem Schulweg einen inneren Wachhund mit, der Sie bei jedem Gedanken an die Schule bellend in das Hier und Jetzt zurückruft.

Spüren Sie das Wetter. Achten Sie auf die Beleuchtung.

Sehen Sie sich die Menschen an.

Finden Sie heraus, was sich an einem bestimmten Ort über die Zeit ändert.

Seien Sie mit sich geduldig. Es ist nicht leicht, sich aus einer gewohnten Gedankenspirale selbst herauszuholen. Aber nach einiger Zeit, werden Sie sehr schnell sein und die Kopien werden Ihnen trotzdem gut gelingen (Tipp 97).

› Tipp 97

24

Sicherheit gewinnen

Eine Unterrichtsvorbereitung sollten Sie dann als qualitativ hochstehend ansehen, wenn Sie durch diese Arbeit an Sicherheit gewinnen, dass der Unterricht gelingen wird. Es ist wenig sinnvoll, sich zeitaufwändig passendes Material zurechtzulegen, um dann der Durchführung mit gemischten Gefühlen entgegenzusehen. Solange Sie im Innersten davon überzeugt sind, dass wieder etwas schiefgehen wird, müssen Sie die inhaltliche und methodische Vorbereitung hintanstellen und sich erst einmal mental auf Ihre Klasse vorbereiten.

Es ist meist nicht offensichtlich, weshalb Stunden nicht zufriedenstellend verlaufen (Tipp 92). Die hier von uns vorgestellte Methode soll spekulatives Grübeln ersetzen und liefern. Probieren Sie konkrete Hinweise sowie Verbesserungsstrategien aus.

› Tipp 92

Sich über die eigenen Gefühle klar werden

Zuerst sollten Sie sich über Ihre Gefühle zur Klasse klar werden. Sind Sie dabei ehrlich zu sich selbst, dann fallen Ihnen auch die konkreten Gründe für Ihre Gefühle ein. Es wird Ihnen klar, woran Sie sich beim Umgang mit der Klasse stoßen und was Sie beflügelt. Nun ist es leichter, sich Strategien gegen negative und für mehr positive Unterrichtssituationen zu überlegen und diese dann letztendlich umzusetzen.

Schlussendlich sollten Sie Unterrichtsmethoden nicht danach auswählen, ob sie spannend klingen oder besonders angepriesen werden, sondern ob sie im Hinblick auf die Klasse passen. Eine gute mentale Vorbereitung erhöht Ihre Freude auf den nächsten Tag und verbessert Ihr Wohlbefinden im Beruf. Probieren Sie die folgende Methode einfach einmal aus.

Gleich mal ausprobieren

Denken Sie an die Klasse und schauen Sie sich die Empfindungen in der Tabelle auf S. 40 an. Kreuzen Sie spontan an, was auf Sie zustrifft. Sie haben die Auswahl von sehr negativ (– –) bis sehr positiv (+ +).

	--	-	+	++	
angespannt					entspannt
angstvoll					angstfrei
unruhig					ruhig
unmotiviert					motiviert
wütend					gelassen
gelähmt					topfit
kraftlos					kraftvoll
freudlos					freudig
genervt					gelöst

Wählen Sie je eine Zeile aus, in der Sie die Spalte ganz links, und eine, in der Sie die Spalte ganz rechts angekreuzt haben. Denken Sie an Situationen, in denen Sie diese Gefühle in der Klasse besonders stark empfunden haben.
Überlegen Sie sich eine konkrete Maßnahme, wie Sie auf Störaktionen eines bestimmten Schülers reagieren werden und Maßnahmen, wie Sie das gute Gefühl zur Klasse verstärken können. Die eine Klasse bastelt sehr gerne, eine andere Klasse spielt gerne kleine Sketche ...

Zu Stundenbeginn zentrieren

25

Ritual zu Stundenbeginn

Viele Grundschullehrer führen Rituale ein, die das Ende der Pause ankündigen oder um sich bei offenem Unterricht wieder Gehör zu verschaffen: Erklingt z. B. die Triangel einmal, suchen die Kinder ihre Plätze auf und richten ihre Aufmerksamkeit auf den Lehrer. Ein kurzes Ritual zu Stundenbeginn kann die Schüler gut auf die Unterrichtsstunde einstellen.

Es lohnt sich, zu Stundenbeginn einige Minuten für ein Ritual zu reservieren, das den Wechsel von hektischer Aktivität zu gelassener Aufmerksamkeit unterstützt. Entspannungsübungen bieten sich hierfür besonders an (Tipp 27). Diesbezüglich gib es eine riesige Auswahl: autogenes Training, Entspannungstraining, Feldenkraismethode, Singtraining, Inner Movement – Bodybliss, Ismakogie, Jacobson, Kinesiologie, Pilates, Qigong, Shakti-Dance, Taiji Quan, Tauna, Yoga, Zen Meditation. Alle diese Methoden und Lehren bieten Übungen an, die Sie mit der Klasse stehend oder auch sitzend durchführen können.

› Tipp 27

Gleich mal ausprobieren

- Machen Sie die Übung sehr langsam vor. Wiederholen Sie sie so lange, bis alle eine Minute lang konzentriert mitgemacht haben.
- Übergehen Sie die Schüler, die nicht mitmachen wollen. Weisen Sie alle zurecht, die die anderen stören.
- Strahlen Sie Selbstsicherheit, Ruhe und Geduld aus. Spätestens beim dritten Mal sind alle dabei!

Sie werden den Effekt erleben, dass Kinder (wie alle Gruppen) bereit sind, auch ihnen kurios Erscheinendes mitzumachen, wenn die leitende Person es nur überzeugt vorstellt. Ihre Selbstsicherheit wird sich auf die Schüler übertragen und sie die anfängliche Angst vor einer Blamage überwinden lassen.

Achtung!

Der Erfolg stellt sich nur bei Übungen ein, von denen Sie selbst überzeugt sind. Dann allerdings in einem solchen Ausmaß, dass Sie das Ritual zum Stundenbeginn nicht mehr weglassen können. Die Schüler werden es einfordern.

Entspannungstechniken lernen

26

Damit Sie für Entspannungsübungen mit Ihrer Klasse die nötige Selbstsicherheit erwerben, lohnt es sich, sie vorher selbst einzuüben. Schließlich müssen Sie von der Wirksamkeit der Übungen, die Sie später mit den Schülern durchführen, zunächst einmal selbst überzeugt sein.
Suchen Sie nach Übungen, die man im Stehen oder Sitzen durchführen kann (Tipp 27–40).

› Tipp 27–40

Gleich mal ausprobieren

- Besuchen Sie ein Entspannungstechnikseminar. Schauen Sie sich viel ab. Schreiben Sie mit (Tipp 15).
- Stellen Sie sich aus Ihren Übungsfavoriten ein gemischtes Kurzprogramm zusammen.

› Tipp 15

Um die Ecke gedacht

Ob Sie mit Ihrer Klasse Entspannungsübungen machen oder nicht, sollte von Ihren eigenen Bedürfnissen abhängen. Sie wollen Ihr eigenes Stressniveau wieder senken. Dazu können Sie die Pause schlecht verwenden, aber vielleicht den ruhigen Stundenbeginn. Das überraschend Positive dabei sind die Nebenwirkungen: Ruhigere Schüler und eine konzentriertere Atmosphäre in der Stunde.

Entspannung für Alle

27

Die Schulglocke wurde aus guten Gründen in vielen Grundschulen abgeschafft. Arbeitsphasen der Schüler müssen nicht unterbrochen werden. Pausen können – sofern es das Gebäude zulässt – spontan eingelegt werden.
Leider gelingt es uns Lehrern oft nicht, die Pausen zur eigenen Entspannung zu nutzen (Tipp 42). Meistens ist noch etwas herzurichten für die nächste Stunde. Ein Stapel Hefte liegt auf dem Lehrertisch. Geld muss noch von zwei Schü-

› Tipp 42

lern eingesammelt werden. Einem Schüler ist schlecht geworden und die Eltern müssen angerufen werden. Andere Schüler wollen dem Lehrer noch unbedingt etwas über ihr Haustier erzählen ... Nach der Pause sind die Schüler meist sehr aufgekratzt. Stellen Sie sich mal vor, wie angenehm es für Sie selbst wäre, die nächste Stunde nach einer stressigen Pause mit einer richtig schönen tiefen Entspannung zu beginnen.

Gleich mal ausprobieren

Bieten Sie dem gemeinsamen Bedürfnis nach Entspannung im Unterricht Platz. Eine Gedankenreise ist dafür genauso hilfreich wie eine Atemübung. Probieren Sie verschiedene Methoden aus. Im Vordergrund sollte allerdings Ihre eigene Entspannung stehen. Seien Sie „der führende Teilnehmer" und lassen Sie Ihre Lehrerrolle etwas los. Ihr Ziel ist weniger, Entspannung zu lehren als zu praktizieren.

Über den Arbeitstag gesehen, sind Entspannungsübungen in der Unterrichtsstunde eine gute Möglichkeit, die berufstypische 13-Uhr-Erschöpfung zu vermeiden. Wenn Sie die Entspannung auf den Nachmittag verschieben, wird Ihnen die Zeit und Kraft fehlen, sich tatsächlichen Ausgleich zu Ihrem anstrengenden Beruf zu organisieren. Tun Sie alles, um am Nachmittag fit zu sein! Verschieben Sie Erholung auch nicht auf die Ferien oder auf den St.-Nimmerleins-Tag. Jeder Tag soll Sie stärken, jeder Abend Ihnen und Ihren Lieben zur Verfügung stehen.

Entspannung nicht verschieben

Klassische Entspannung – Die Treppe 28

Gedankenreisen durchführen

Eine Gedankenreise, die eine Treppe hinab- und wieder hinaufführt, entspannt ungemein und stoppt im Kopf kreisende Gedanken. Nicht jede Klasse mag sofort bereit dazu sein. Wenn Sie allerdings Gedankenreisen mögen, wird Ihnen die Klasse nach einigen Anläufen folgen.

SOS-Tipp

Üben Sie die Gedankenreise unbedingt vorher mit einem Kollegen. Achten Sie darauf, dass Ihre Stimme mit dem Abstieg über die Treppe auch immer tiefer wird. Experimentieren Sie mit der Erzählgeschwindigkeit.

Gleich mal ausprobieren

„Sitze entspannt und folge mir auf dieser Gedankenreise in dein Inneres, wo du ganz bei dir bist.
Schließe deine Augen, und konzentriere dich ganz auf deine inneren Bilder.
Stelle dir eine Treppe vor, die über zehn Stufen ganz zu dir hinabführt.
Du steigst nun die erste Stufe hinunter, weg von der Hektik der Pause. Um weiter ganz zu dir zu kommen, steigst du die zweite Stufe hinunter und spürst, wie der Alltag unwichtig wird. Lass nun alle Gedanken einfach los – das ist die dritte Stufe. Du steigst weiter hinunter zu dir selbst zur vierten Stufe. Auf der nächsten, der fünften Stufe, fühlst du dich richtig gelöst. Steig tiefer hinab zu dir – zur sechsten Stufe – und konzentriere dich nur noch auf dich. Stufe sieben. Du kannst nun alle Sorgen loslassen – achte Stufe – du bist fast ganz bei dir selbst. Du steigst auf die neunte Stufe hinunter. Nichts ist mehr da als du selbst. Unten angekommen siehst du jetzt, wie es innen bei dir aussieht. Du fühlst, was dich wirklich bewegt.
Du weißt nun, was du für dich brauchst. Verabschiede dich langsam von deinem Inneren und steige mit mir die Treppe Stufe für Stufe wieder hinauf. Steige hinauf zur Stufe neun – nimm dein Wissen mit – und weiter zur achten Stufe. Du spürst wieder, wie du sitzt. Nimm die nächste Stufe – sieben – und merke, wie du wieder wach wirst. Stufe sechs, berühre dich selbst ganz leicht. Stufe fünf – deine Aufmerksamkeit wendet sich der Klasse zu. Weiter hinauf zur vierten Stufe mit einem tiefen Atemzug. Auf der dritten Stufe streckst du dich und gähnst. Stufe zwei – du bist neugierig, was du heute mit deinem neu gewonnenen Wissen über dich anfangen

wirst. Schon bist du auf der ersten Stufe, öffnest die Augen. Steige nun ganz hinauf, komme wieder in die Klasse. Sieh dich um.
Du bist jetzt ruhig, entspannt und freust dich auf diese Stunde."

Jacobson Muskelentspannung 29

Die Jacobson-Methode macht sich die Tatsache zunutze, dass Entspannung nach einer Anspannung viel effektiver ist als aus dem Ruhezustand heraus. Die Schüler werden dadurch aufmerksamer.

Gleich mal ausprobieren

„Sitze bequem und aufrecht und schließe die Augen.
Wir beginnen beim Gesicht. Kneife beim Einatmen die Augen zusammen, dann wieder locker lassen.
Jetzt die Augenbrauen heben und wieder fallen lassen.
Dann die Lippen zusammenpressen und mit dem Ausatmen wieder locker lassen.
Jetzt heben wir die Schultern und lassen sie mit dem Ausatmen wieder fallen.
Die Finger zusammenballen und wieder locker lassen.
Den Bauch einziehen und wieder lockern.
Das Gesäß zusammenzwicken und wieder loslassen.
Spanne, während du einatmest, deine Füße an und kralle die Zehen nach unten.
Wir machen die Augen wieder auf und strecken und dehnen uns und kommen in den Unterricht zurück."

30 Energiefluss in den Händen spüren – Energieball

Eine Übung, die den besonderen Energiefluss in den Händen bewusst macht.

Gleich mal ausprobieren

Die Schüler sollen mit leicht gebeugten Knien entspannt stehen oder aufrecht auf der vorderen Stuhlkante sitzen.
„Winkelt eure Arme an und tut so, als würdet ihr mit euren Händen einen Ball in der Größe eines Fuß- oder Volleyballs halten.
Die Hände sind leicht gekrümmt, sodass alle Finger auf der Oberfläche des Balls aufliegen.
Haltet den Ball sehr entspannt, konzentriert euch auf den Ball und schließt eure Augen.
Dreht mit euren Händen den Ball leicht in alle Richtungen.
Versucht, die Hände voneinander zu entfernen und spürt, wie der Ball größer und kleiner wird.
Nehmt auch mal eine Hand vom Ball und spürt, wie sich das Gefühl in den Händen verändert.
Lasst zum Abschluss den Ball los und legt eure Hände neben den Nabel.
Atmet tief durch und kehrt in die Klasse zurück."

Es ist immer wieder ein fantastisches Erlebnis, wie schnell man eine Verbindung zwischen seinen Händen spürt. Vielleicht können Schüler erzählen, wo sie ähnlich starke Gefühle mit ihren Händen hatten. Sie selber können auch als leitende Person viel von der Übung mitnehmen.

Pilates-Übung

31

Pilates ist ein Ganzkörpertraining. Durch die Balance zwischen Kräftigung und Dehnung sowie die Koordination von Atmung und Bewegung erzeugt es ein besseres Körperbewusstsein. Die hier vorgestellte Übung bringt die Schüler in die Grundposition.

Die Grundposition einnehmen

Auf Wunsch können Sie weitere Übungen anschließen. Anregungen dazu bieten zahlreiche Pilates-Bücher, die z. T. mit Übungs-DVD ausgestattet sind, siehe Bimbi-Dresp (2006) Literaturliste.

Gleich mal ausprobieren

„Stehe hüftbreit, die Knie leicht gebeugt und das Gewicht gleichmäßig auf beide Fußsohlen verteilt.
Spüre, wie dein ganzes Gewicht vom Boden getragen wird.
Finde nun dein Becken: Drücke das Becken nach vorne und wieder nach hinten. Nach einigen Malen spürst du in der Mitte die neutrale Position.
Schließe die Augen und atme dreimal tief in den Bauch.
Alle Aufmerksamkeit richtet sich nun nach innen und du wirst ganz ruhig.
Öffne die Augen und setze dich ganz leise hin. Willkommen in der Stunde. Nimm dein Schreibheft heraus ..."

Qigong – Das Schütteln

32

Qigong ist eine chinesische Meditations-, Konzentrations- und Bewegungsform, die sich der Anreicherung und Harmonisierung der Lebensenergie (Qi) widmet.
Die Übungen stammen aus der chinesischen Medizin und aus Kampfkünsten. Es gibt Atem-, Stellungs-, Bewegungs-, Konzentrations- und Visualisierungs- sowie Meditationsübungen.
Die Übung „Das Schütteln" lockert den ganzen Körper und lässt jeden seinen individuellen Rhythmus finden.

Lockerung des ganzen Körpers

Gleich mal ausprobieren

„Stelle die Füße schulterbreit nebeneinander. Beuge die Knie leicht. Fühle, wie du fest im Boden verwurzelt bist.
Entspanne die Stirn und lass alle Gedanken los.
Nun federe aus den Knien leicht auf und ab.
Lass die Schwingungen sich auf deinen ganzen Körper ausbreiten.
Du schwingst ganz locker und so schnell du willst. Spürst du deinen Rhythmus?
Jetzt beginnst du diese Stunde vollkommen gelockert. Nimm dein Matheheft und ...“

33 Shiatsu – Teich des Windes

Den Kopf freimachen

Shiatsu fördert das Gefühl der inneren Zentriertheit und erhöht die Vitalität sowie die Fähigkeit, sich zu entspannen. Schon nach einer Minute stellt sich an den Punkten Feng-chih (Teich des Windes) ein tiefes Gefühl der Entspannung ein. Die Übung hilft vor allem gegen Kopfschmerzen durch Verspannungen.

Gleich mal ausprobieren

„Stehe entspannt. Stelle die Füße etwas auseinander.
Lege die Hände auf den Hinterkopf, sodass sich die Daumen am oberen Ende der Wirbelsäule berühren.
Fühle mit den Daumen, wo die Schädelknochen beginnen.
Fahre mit jedem Daumen entlang der Schädelkante nach außen. Gleich neben der Wirbelsäule am Hinterhauptkamm spürst du jeweils links und rechts eine Vertiefung. Drücke dort spürbar – aber nicht mit voller Kraft – für 20 Sekunden.
Lass anschließend langsam los.
Versuche es noch ein- bis dreimal.
Dein Kopf ist nun frei und du bist entspannt. Ganz leicht wirst du die heute weiterlernen.“

Taichi – Der grosse Kreis

34

Innere Harmonie schaffen

Diese sehr bekannte Übung beruhigt und bringt innere Harmonie. Wiederholen Sie sie einige Male.

Gleich mal ausprobieren

„Stehe aufrecht. Die Fersen berühren einander, die Zehen zeigen etwas nach außen.
Halte die Handflächen auf Nabelhöhe nach oben offen.
Atme nun langsam ein: Dabei öffnest du die Arme und hebst sie seitwärts hoch bis sich die Handflächen über dem Kopf gegenseitig ansehen. Deine Schultern bleiben entspannt gesenkt.
Nach dem Einatmen sollst du schlucken.
Drehe nun die Handflächen nach unten und senke die Hände ganz nach unten. Gehe leicht in die Knie.
Wenn die Arme schon fast gestreckt sind, drehe die Handflächen nach oben.
Während du die Hände in die Ausgangsposition zum Nabel bringst und deine Beine streckst, atmest du kurz ein.
Mache eine kurze Pause und kontrolliere deine Haltung."

Yoga – Der Halbmond

35

Den Geist beruhigen

Yogatechniken sind hervorragend dafür geeignet, den Geist zu beruhigen.
Der Halbmond (die Seitenbeuge) bringt die Wirbelsäule ins Bewusstsein der Schüler. Die Beckenhaltung erfährt einen Ausgleich und die seitliche Rumpfmuskulatur wird gedehnt. Die Übung bedarf keines Vorwissens und gelingt schnell.

Gleich mal ausprobieren

„Stehe aufrecht mit den Füßen hüftbreit auseinander.
Strecke die Arme nach oben und lege die Handflächen aneinander. Die Arme sollen leicht gebeugt sein.

Lege nun dein Gewicht ganz auf die Fersen und spreize deine Zehen.
Atme aus und senke deine Schultern.
Atme ein und neige deinen Körper nach rechts. Drücke dabei den rechten Fuß in den Boden.
Blicke geradeaus und etwas nach oben. Verharre kurz. Spüre deine Atmung auf der linken Seite.
Richte dich wieder auf – atme dabei aus.
Nun folgt die Beuge nach links."

36 Atemtechnik – Brennende Kerze

Diese Atemübung festigt die Konzentration auf die eigenen Kräfte.

Gleich mal ausprobieren

„Stehe entspannt. Strecke einen Arm nach vorne.
Stell dir vor, dass dort, wo deine Fingerspitzen enden, eine Kerze brennt. Senke den Arm wieder. Schließe die Augen.
Blase nun die vorgestellte Kerze aus. Sie entzündet sich gleich wieder. Versuche es ein paarmal.
Nun atme durch die Nase ein und bewege die Flamme durch kurze Luftstöße, ohne sie auszublasen. Unterbrich die Luftstöße durch das Schließen deiner Lippen.
Öffne die Augen. Nun bist du konzentriert und aktiv."

37 Bauchatmung

Die Bauchatmung sollte jeder Mensch beherrschen. Es macht viel Spaß, sie mit den Kindern spielerisch zu üben. Wer diese frühkindliche Atmung nicht verlernt, muss sich weniger anstrengen. Das Zwerchfell sorgt wie automatisch dafür, dass sich unsere Lungen z. B. nach einem gesprochenen Satz wieder mit Luft füllen. Einfach den Mund leicht

offen lassen und bemerken, wie die Luft ganz von selber eingesaugt wird. Das Zwerchfell arbeitet am besten, wenn die Bauchdecke entspannt ist.
Die Bauchatmung vermittelt ein Gefühl von Ruhe und Ausgeglichenheit.

Gleich mal ausprobieren

> Alle stehen und legen ihre Hände auf ihren Unterbauch.
> Dann gilt es, den Bauch möglichst groß aufzublasen und wieder locker zu lassen.
> Geben Sie einen Rhythmus vor.

Die Übung sorgt für reichlich Gekicher und wird nicht ruhig ablaufen. Aber die Kinder spüren mit ihren Händen intuitiv, wie gut sie nur mit dem Zwerchfell atmen. Wenn Sie sich einige Atemzüge auf sich selber konzentrieren können, gehen Sie mit gutem Beispiel voran und so sorgen Sie gleichzeitig für Ihre eigene Ausgeglichenheit.

KÖRPERHALTUNG WIRKT 38

Erleben Sie mit den Schülern, wie eine bewusst eingenommene Körperhaltung auf den Geist wirkt (nach Kaltwasser 2008).

Gleich mal ausprobieren

> Machen Sie mit der Klasse diese Gedankenreise:
> „Setzt euch aufrecht auf eure Stühle, atmet langsam und schließt eure Augen.
> Konzentriert euch auf meine Stimme.
> Lasst eure Schultern nach unten sinken. Der Kopf neigt sich nach vorne und der Rücken wird rund.
> Zieht jetzt eure Augenbrauen zusammen und beißt die Zähne aufeinander.
> Wie verändert sich eure Stimmung? Sind eure Gedanken nun beschwerlicher, düsterer oder böser?

Nun – bei weiter geschlossenen Augen – richtet euren Rücken Wirbel für Wirbel auf. Hebt die Schultern wieder in die Normalposition zurück. Glättet eure Stirn und entkrampft den Mund.
Fühlt ihr euch jetzt wieder anders?
Atmet tief ein und aus und kehrt in die Klasse zurück."

Besprechen Sie mit der Klasse, wie man diese enge Verbindung von Körperhaltung und Geist für sich nutzen kann. Einige Kinder werden Ähnliches aus dem Vereinssport oder dem Musikunterricht berichten. Die Übung kann in ähnlicher Form auch im Morgenkreis praktiziert werden.

In die saure Zitrone beissen

39

Diese Gedankenreise (nach Kaltwasser 2008) können Sie mit einer nicht zu unruhigen Klasse gemeinsam machen. Sie erleben gemeinsam, wie Vorstellungen den Körper beeinflussen.

Gleich mal ausprobieren

„Setzt euch aufrecht auf euren Stuhl. Atmet ruhig, schließt eure Augen und hört auf meine Stimme.
Ihr werdet ganz ruhig und wir beginnen gleich ein Experiment, bei dem ihr Unglaubliches herausfinden werdet.
Stellt euch alles, was ich sage, wie in einem Film direkt vor euch vor.
Ihr befindet euch in einer großen Küche. Am Tisch liegt ein Brett mit einer großen, gelben Zitrone. Die Schale leuchtet euch an. Schaut genauer auf ihre kleinen Unebenheiten.
Jetzt seht ihr, wie die Zitrone langsam aufgeschnitten wird. Aus dem Fruchtfleisch fließt etwas Zitronensaft auf das Brett. Ihr könnt den sauren, aber frischen Duft schon riechen. Eure Hand greift wie ferngesteuert zu der einen Zitronenhälfte, führt sie zu eurem Mund. Ihr leckt mit eurer Zunge vorsichtig am gelben Fruchtfleisch.

Was fühlt ihr? (Bitte antwortet nicht laut, sondern nur zu euch selber.)
Wie schmeckt der Zitronensaft?
Zieht sich die Zunge zusammen?
Wo im Körper spürt ihr noch Veränderungen?
Ihr legt die Zitronenhälfte wieder auf das Brett auf dem Tisch. Schaut sie noch eine kurze Zeit lang an. Dann lenkt euren Blick weg vom Küchentisch.
Atmet tief ein und aus und kehrt in die Klasse zurück."

Nach einer Zeit der ungestümen Mitteilung über die eigenen Gefühle, können Sie das Gespräch auf das eigentliche Phänomen lenken. „Wann habt ihr schon mal Ähnliches erlebt? Könnte man mit dieser Technik auch Gefühle wie Freude hervorrufen?"
Die Übung kann auch Ihnen helfen, wieder die Macht der Gedanken mehr wertzuschätzen. Seien Sie dabei weniger strenger Kontrolleur als mehr leitender Teilnehmer.

Von oben nach unten entspannen 40

Wenn der Tag seinen Lauf nimmt und Sie gerade mal nebenbei Ihren Tee genossen haben, dann haben Sie vermutlich noch keinen wirklich entspannenden Moment in den letzten Stunden erlebt.

Um die Ecke gedacht

Zehn Leute sollen zehn schwere Säcke in den zehnten Stock tragen. Wie können Sie das tun, um nachher möglichst fit zu sein?
Gerechterweise müsste jeder einen Sack bis ganz hinauf tragen. Und jeder würde das mit so wenig Pausen machen, wie er kann. Im neunten und zehnten Stock allerdings wäre jeder sehr geschafft, woran der lange Abstieg auch nicht mehr viel ändert.

Wird eine Kette gebildet, kann nach jeder Tragephase mit dem kurzen Abstieg die Kraft wieder aufgefüllt werden. Der zehnte Sack trägt sich leichter. Alle sind müde, aber nicht erschöpft.
Übertragen Sie das Modell auf Ihre Arbeit: Begrenzen Sie die Länge der „Tragephasen" so weit, bis Sie am Abend nicht mehr erschöpft sind.

Gleich mal ausprobieren

Setzen Sie sich aufrecht auf einen harten Stuhl. Legen Sie Ihre Hände auf Ihre Oberschenkel. Je nach Vorliebe lassen Sie Ihre Handflächen nach oben oder unten schauen.
Entspannen Sie zuerst den Bereich zwischen Ihren Augen. Die „Zornesfalte" und Stirn wird glatt.
Lassen Sie Ihre Augenlider sinken.
Entspannen Sie Ihren Mund, bis er von selber leicht lächelt.
Ziehen Sie die Schultern nach oben, um sie daraufhin entspannt fallen zu lassen. Wiederholen Sie das bei Bedarf.
Ziehen Sie Ihr Kinn etwas zur Brust, um den Nacken zu entspannen.
Halten Sie die Wirbelsäule gerade. Um ein Hohlkreuz zu vermeiden, lassen Sie die Schultern leicht nach vorne fallen.
Heben und senken Sie die Fersen. Die ganze Fußsohle soll fest auf dem Boden stehen.
Bleiben Sie eine Zeit lang ruhig sitzen und lassen Sie alle Gedanken kommen und gehen.

Sie können zur Vertiefung der Entspannung eine Atemübung integrieren. Aber auch in diesen wenigen Sekunden, die die beschriebene Übung dauert, senken Sie Ihr Stressniveau deutlich.

Reflexionszeit nehmen

41

Sehen wir uns einmal die Nachbereitung eines Unterrichtstages genauer an (Tipp 72). Wann haben Sie dafür Zeit? Am Nachmittag? Am Abend? Morgen in der Freistunde? Bevor Sie Ihre Eindrücke vergessen, nehmen Sie sich gleich nach Unterrichtsschluss oder bei der Heimfahrt etwas Zeit und schreiben Sie alles auf. Das Notieren wichtiger Beobachtungen ist Teil unseres Unterrichtsauftrags. Die kurzen Pausen in der Schule erlauben uns meist keine Reflexionszeit.

› Tipp 72

Sich Reflexionszeit nehmen

Um die Ecke gedacht

Meist notiere ich direkt auf der Rückseite der im Unterricht eingesetzten Arbeitsblätter, wie sinnvoll dieses Arbeitsblatt war. Zu meinen Material-Sammlungen zu bestimmten Themen im Sachunterricht z. B. „Körper" lege ich Zettel bei, welche Stationen ich gemacht habe und wie lange die Schüler gebraucht haben. Besonders im Werkunterricht ist es wichtig zu wissen, wie lange die Schüler an dem Werkstück gearbeitet haben. Obwohl es große Unterschiede zwischen einzelnen Klassen gibt, sind diese Notizen doch wichtige Wegweiser fürs nächste Mal und sei es auch erst wieder in vier Jahren.

Lärmpausen einlegen

42

Eine große Belastung in unserem Beruf ist der ständige Lärmpegel. Die Lärmempfindlichkeit nimmt leider auch mit dem Alter zu.

Um die Ecke gedacht

Beobachten Sie sich einmal im Lehrerzimmer. Dort gibt es auch oft lautes Gerede und Gelächter. Stört Sie das genauso wie in der Klasse? Nein, werden Sie antworten, dieser Lärm stört mich kaum. Was ist der Grund? Am Lärm im

Lehrerzimmer sind Sie selbst beteiligt, für den Lärm in der Klasse jedoch sind Sie verantwortlich. Diese Botschaft hat etwas Entlastendes: Den Schülern geht es genauso. Sie merken ihren Lärm gar nicht und er ist auch nicht gegen Sie gerichtet. Sie brauchen sich deshalb gar nicht schlecht zu fühlen!

Stichprobenartige Lärmmessungen ergaben an Schulen mittlere Schallpegel zwischen 65 und 85 dB (A). Laut Arbeitsstättenverordnung sollte der Lärmpegel an Arbeitsplätzen mit vorwiegend geistigen Tätigkeiten 55 dB (A) nicht überschreiten. Bei einem mittleren Pegel von 85 dB (A) muss an gewerblichen Arbeitsplätzen Gehörschutz bereitgestellt werden, um Lärmschwerhörigkeit vorzubeugen.
In Gedanken beschuldigen wir Lehrer oft uns oft selber, dass wir eben nicht fähig sind, eine ruhige Arbeitsatmosphäre zu schaffen. 25 Kinder in einem Klassenraum mit hohen › Tipp 20 Stimmen produzieren eben Lärm (Tipp 20). Durch eine schlechte Akkustik in Klassenräumen gibt es viel Nachhall, der automatisch die Stimmen „hebt". Linoleumböden, Kunststoffvorhänge, keine Teppiche und kahle Wände – wir kennen das alle. Es fehlen einfach Absorberflächen › Tipp 94 (Tipp 94).

Gleich mal ausprobieren

Es gibt viele Möglichkeiten, um den Schall vernünftig zu dämmen: Vielleicht können Sie die Vorhänge austauschen, einige Teppiche kaufen oder Absorberflächen basteln. Gibt es hilfsbereite Eltern? Auf die Schulverwaltung können Sie wahrscheinlich lange warten.
Vielleicht spenden die Eltern Ihnen eine Lärmampel. Es gibt sie auch als App für Smartphone oder Tablet. Die Klasse lernt mit dieser Ampel, sich selbst zu regulieren, je nachdem welche Ampelfarbe Sie anzeigen.
Außerdem hilft eine Klangschale beim Stundenbeginn › Tipp 25 (Tipp 25). Dreimal anschlagen, gemeinsam durchatmen – Sie werden sehen, das kann Wunder wirken.

Achtung!

Überlegen Sie, was Sie für Ihre Ohren tun können!

- Test beim HNO-Arzt: Höre ich noch gut? Es gibt Gefahren wie eine Tinnitus-Erkrankung, deshalb ist es wichtig, sich schon frühzeitig mit seinen Ohren zu beschäftigen.
- Gehörschutz: Individuell angefertigt ist er kaum sichtbar. Mit den Schülern können Sie sich weiter unterhalten, nur Lärmspitzen werden ausgeblendet. In der Sekundarstufe 1 und 2 gibt es Turnlehrer, die sich so gegen ihren Arbeitslärm schützen. In der Grundschule sind es gerade die Pausen, über die ein Hörschutz hinweghelfen kann.

Stimmtraining 43

60 bis 70 Prozent der Lehrer haben regelmäßig Stimmbeschwerden: Heiserkeit, Räusperzwang und Halsschmerzen. Wir üben einen Sprechberuf aus, aber ohne sprecherzieherische Ausbildung. Unsere Stimme ist unser Werkzeug, auf das wir zu wenig achten.

Achtung!

Sie sind schon am Morgen müde und ausgelaugt, eigentlich fehlt Ihnen die Kraft für den Unterricht. Heute sind die Kinder besonders unruhig. Ein Schüler nervt extrem. Sie überschreien die Klasse. Geht es Ihnen häufiger so? Dann strapazieren Sie Ihre Stimmbänder gefährlich oft.

Folgende einfache Möglichkeiten gibt es, wie Sie Stimmstörungen vorbeugen können:

- Senken Sie Ihre Stimme! Wir sollten eher leise anstatt laut sprechen. Die Artikulation ist wichtiger als die Lautstärke! Niemals versuchen eine gewisse Lautstärke zu übertönen!

- Sprechen wir in mittlerer Stimmlage. Unsere mittlere Stimmlage finden wir, wenn wir „mmh!" zu einem guten Essen sagen. Im Unterricht immer wieder nachjustieren!
- Sprechen wir in angemessenem Sprechtempo. Inhalte gut gegliedert und mit Pausen sprechen. Gerade kleine Kinder brauchen länger, um unsere Erklärungen zu verarbeiten.
- Vermeiden wir es zu schreien. Schreien erzeugt große Spannung im Kehlkopf und schadet den Stimmlippen. Die Kinder gewöhnen sich schnell an schreiende Lehrer und reagieren dann auch nicht mehr. Deshalb kurze Schreie gezielt und selten einsetzen. (Besser ist es, ein Buch auf den Tisch zu knallen!)
- Flüstern ist schlecht – gerade bei akuten Halsschmerzen.
- Nicht gegen Lärmquellen reden! Besser sind Handzeichen oder der Einsatz von Gong, Klangschale oder Triangel. Sobald man eine Klasse übernimmt, nie die Kinder übertönen wollen (Tipp 25)!
- Eine aufrechte Körperhaltung bewahren! Rückentraining hilft Ihnen bei einer guten Körperhaltung, weder zu angespannt noch zu schlaff zu stehen. Gutes Schuhwerk unterstützt dabei (Tipp 38).

› Tipp 25
› Tipp 38

Einige Stunden bei einer Logopädin sind sicher eine gute Investition in Ihre Gesundheit!

44 Sprechwerkzeuge trainieren

Die Grimassen, die Ihr Lieblingsradiomoderator vor seiner Sendung schneidet, wollen Sie nicht sehen, aber selber lieber jeden Morgen machen.

Gleich mal ausprobieren

- Mundraum vergrößern: Nach kurzem Kreisen der Zunge im Mundraum den Unterkiefer langsam loslassen, aber die Lippen geschlossen halten. Etwas das Genick strecken. Stellen

Sie sich vor, Sie hielten eine große Nougatkugel in Ihrem Mund. Danach den Kiefer wiederholt schließen und öffnen. Dann den Kiefer bei geöffneten Lippen loslassen und nach rechts und links schieben. Langsam wieder schließen und den Kopf aufrichten.
- Schlangenzüngeln: Bei leicht geöffnetem Mund die Zungenspitze schnell von Mundwinkel zu Mundwinkel und manchmal auch nach vorne schnellen lassen.
- Löwengrimasse: Zunge so weit wie möglich hinaus und hinunter (schaffen Sie es bis zum Kinn?) strecken, Augen weit aufreißen und – verstärkt die Wirkung – mit den Händen Krallen zeigen.

Sind die Sprechwerkzeuge aufgewärmt, können Sie viel besser artikulieren, leiser sprechen und so Ihre Stimme schonen.

Resonanzräume aktivieren 45

Auch wenn Sie gut aus dem Bauch atmen und Ihre Stimmbänder entspannt in Schwingung bringen, klingt Ihre Stimme erst kraftvoll, wenn Sie alle Räume oberhalb des Kehlkopfs als Resonanzräume in Schwingung bringen können.

Gleich mal ausprobieren

- Kaugummi: Sprechen Sie mit großen Kaubewegungen die Silben „mnjam, mnjom, mnjum, mnjem". Lassen Sie die Zunge dabei vorne im Mundraum.
- Manga: Sprechen Sie stimmhaft „manga, mongo, mungo". Verschmelzen Sie „ng".
- Gähnen: Mit genussvollem „aaaah" werden die Muskeln gelöst und das Zwerchfell aktiviert.

Unser Instrument Nr. 1 hält länger, wenn wir es sehr schonend einsetzen. Entspannte Körperhaltung, gute Atmung, trainierte Sprechwerkzeuge und aktivierte Resonanzräume erleichtern das Sprechen ungemein. Jede Stimme ist einzigartig und charaktervoll. Führen Sie ein Gespräch mit geschlossenen Augen und lassen Sie sich von Ihrem Partner den Charakter Ihrer Stimme beschreiben. Sie werden staunen.

Fantasiereise zur Wahrheit

46

› Tipp 41

Wir Menschen schöpfen Kraft, wenn wir „das ewig Wahre" berühren. Wer kennt nicht die Momente, in denen man einen tiefen Sinn verspürt und die einen voll in Bann schlagen (Tipp 41).

Der universellen Wahrheit kann man, nach dem Philosophen Alain Badiou, in den Welten der Kunst, der Liebe, der Wissenschaft und der Politik begegnen. Erinnern Sie sich an eine Situation, in der Sie vollen Herzens sagten: „Ja, das ist wahr!"

Reisen Sie in Gedanken zu diesen kraftvollen Momenten.

Gleich mal ausprobieren

Begeben Sie sich auf einen Rundgang durch vier Räume.
Sie betreten zuerst den Raum der Kunst. Es ist eine Halle gefüllt mit Gemälden, Skulpturen und Installationen. Was bedeutet Kunst für Sie?
Erinnern Sie sich an ein Kunstwerk, das Sie tief berührt hat.
Welche Kunstwerke können Sie noch sehen?
Vom Raum der Kunst gehen Sie nun in den Raum der Liebe.
In diesem Raum voller Portraits erinnern Sie sich an einen Menschen, den Sie liebten oder lieben.
Wie wichtig ist Ihnen Liebe?
Welche Momente fallen Ihnen noch ein?
Sie verlassen den Raum der Liebe und betreten den Raum der Politik.
Wie bedeutend ist Politik für Sie?
Denken Sie an eine für Sie wichtige politische Idee. Was ist Ihnen wichtig daran?

Was sollte in der Politik für Lehrer auf jeden Fall erreicht werden?
Nach dem Raum der Politik kommen Sie in den Raum der Wissenschaft.
Wie wichtig sind für Sie wissenschaftliche Erkenntnisse?
Denken Sie an ein Wissenschaftsbuch, das Sie zum Staunen brachte.

Wirksames gegen Nackenverspannungen

47

Der Stress im Alltag wirkt sich leider auf unseren gesamten Körper aus. Die Muskeln im Rücken und Nacken verspannen sich und werden hart. Erhöhte Spannung im Nacken scheint eine der Hauptursachen für Spannungskopfschmerz zu sein (Tipp 27).

› Tipp 27

Gleich mal ausprobieren

Krankheiten abklären

Vorausgesetzt, Sie haben kein ernsthaftes medizinisches Problem (wie Bandscheibenvorfall oder Schleudertrauma) empfiehlt es sich, etwas aus dieser Liste auszuprobieren:

- Wärmepflaster
- Tens-Gerät
- Infrarotkabine
- Akupunktur
- Infiltration
- Rückentraining
- Rückenschwimmen
- Bissschiene gegen nächtliches Zähnepressen
- Heilmassage
- Physiotherapie

Sie sehen die Liste ist lang. Manches wirkt nur kurzfristig wie die Wärmepflaster, anderes wirkt nachhaltiger.
Ehe Sie viel Zeit damit zubringen, Physiotherapeuten, Orthopäden und andere Ärzte aufzusuchen, turnen Sie, schwimmen Sie und vor allem: Leisten Sie sich einen guten Masseur!

GUTER RAHMEN FÜR EIN ELTERNGESPRÄCH

48

› Tipp 54

Unterschätzen Sie nicht die Rahmenbedingungen für den Verlauf eines Elterngesprächs (Tipp 54).

Gespräch auf Augenhöhe

Sorgen Sie dafür, dass die Sitzgelegenheiten ein Gespräch auf Augenhöhe ermöglichen. Ganz schlecht wäre, wenn der Lehrer auf einem Erwachsenenstuhl und die Eltern auf Schülerstühlen Platz nehmen müssen.

Am besten wären ovale oder runde Tische, die es leider in den wenigsten Schulen gibt. Bei eckigen Tischen empfiehlt sich gar nicht, sich einander gegenüber zu sitzen. Platzieren Sie eine Blumenvase am Platz gegenüber, sodass sich ein Gespräch „übers Eck" anbietet. Für eine ungestörte Atmosphäre darf es keine Zuhörer geben. Es sollten aber alle dabei sein, die es betrifft, also meist auch das Kind.

Veranschlagen Sie 20 bis 30 Minuten für das Gespräch und teilen Sie das auch mit.

- Warming-up: Geben Sie den Eltern Zeit, „anzukommen". Ein wenig Smalltalk entspannt.
- Eröffnung und Klärung der Rahmenbedingungen: Sagen Sie Anlass und Anliegen, das schafft Sicherheit.
- Problemsicht: Wie sehen Sie die Sachlage, liebe Eltern? Wichtig ist, zuerst die Eltern reden zu lassen, dann erst Sie!
- Umfeld des Problems: Beteiligte Personen erwähnen. Falls wenig Problemeinsicht besteht, dann ist es sinnvoll, über mögliche Probleme in der Zukunft zu reden.
- Ausnahmen vom Problem nennen: Wann trat das Problem nicht auf? Wo liegen die Stärken des Schülers?
- Ziele definieren: Wer will was bis wann wie erreichen (Tipp 51)? › Tipp 51
- Sammeln von Lösungswegen: Wie kommen wir zu unserem Ziel? Wer hat welche Idee?

Wenn Sie dem Gespräch einen nicht-konfrontativen Rahmen und eine innere Struktur geben, wird es für Sie zugleich leichter und produktiver.

Achtung!

Auch wenn Sie das Gespräch partnerschaftlich anlegen, bleibt die Verantwortung für den Rahmen doch bei Ihnen. Nutzen Sie Ihren Startvorteil für ein besseres Gespräch.

49 Das Wohlfühl-Elterntelefonat

Tun Sie alles, um am Ende eines Elterngesprächs ein gutes Gefühl zu haben. Nutzen Sie das Telefonat, um mehr über den Schüler und die Eltern herauszufinden. Mit dem im Folgenden vorgeschlagenen Ablauf halten Sie den Ärger fern.

Gleich mal ausprobieren

- Beginnen Sie mit einem Lob des Schülers. Beschreiben Sie, was er gut kann. Überfliegen Sie vor dem Gespräch Ihre diesbezüglichen Notizen.
- Fragen Sie die Eltern nach den Stärken und Erfolgen ihres Kindes. Jetzt erfahren Sie, wie die Eltern zu ihrem Kind und dessen Leistungen in der Schule stehen. Sie merken auch, ob ein konstruktives Gespräch möglich ist oder die Eltern ihr Kind völlig falsch einschätzen. Lassen Sie die Eltern reden. Fragen Sie nach.
- Dann erst teilen Sie ohne Kommentar das aktuelle Lernniveau mit und warten.
  Wenn Fragen zur Leistung kommen, beantworten Sie diese kurz und bündig.
  Wenn keine Fragen kommen, sehen Sie Ihre Arbeit als zufriedenstellend und abgeschlossen an.
- Danken Sie für das Gespräch und verabschieden Sie sich.

Indem Sie das Telefonat mit einem Lob und einer Einschätzung der Stärken des Schülers beginnen, laden Sie zu einem konstruktiven Gespräch ein. Sobald Sie die Eltern auffordern, etwas Gutes über ihr Kind zu erzählen, zwingen Sie

sie zu einem Perspektivenwechsel. Innerlich fragen sich die Eltern dann: Wie geht es meinem Kind eigentlich in der Schule? Sie sehen sich dann nicht mehr in Opposition zu Ihnen. Das Gespräch erhält somit eine positive Grundstimmung.

Eine positive Grundstimmung schaffen

Achtung!

Versuchen Sie auf keinen Fall, etwas zu erklären oder zu rechtfertigen, was von den Eltern nicht infrage gestellt wird. Versuchen Sie auch nicht, ein Einverständnis oder gar eine aktive Zustimmung vonseiten der Eltern zu erreichen. „Amateure" können Sie als Profi nicht qualifiziert beurteilen.

SOS-Tipp

› Tipp 57

Gehen die Eltern nicht auf das Gespräch ein, belassen Sie es bei einer sachlichen Information und bieten ein Ende der Unterhaltung an. So bedauerlich auch eine solche störrische Haltung ist, es ist nicht die Ihre (Tipp 57). Vielleicht brauchen die Eltern noch einige Tage Zeit, bis sie sich die entscheidenden Fragen stellen. Sie werden sich dann sicherlich wieder melden. Im schlechtesten Fall bleiben sie gegenüber der Schule negativ eingestellt. Dann aber haben Sie mit Geschick eine sinnlose und ärgerliche Auseinandersetzung vermieden und Ihre Arbeitsbelastung aktiv reduziert.

50 Nur keine Ratschläge

Klingt paradox in einem Ratgeber, aber der Unterschied liegt auf der Hand: Sie haben auf der Suche nach Ideen dieses Buch aufgeschlagen, während Eltern von Ihnen wiederum nur wissen wollen, wie sich ihr Kind in der Schule macht.

Erziehung und Familie werden weithin als private Angelegenheit gesehen. Interventionen und Beratung können leicht als Eingeständnis von Unzulänglichkeit interpretiert werden. Viele Familien können sich mit gebildeten Beratern kein Gespräch auf Augenhöhe vorstellen (Tipp 53). Sie vermuten, dass Beratung von Ihnen Veränderung und viel Zeitaufwand fordert. Das macht Angst. Wenn der zu erwartende Erfolg noch dazu klein ist, wird sich Widerstand als sinnvolle Reaktion einstellen.

› Tipp 53

Ratschläge machen Angst

Auch wenn Sie sehr genau sehen, was Eltern zu Hause besser machen könnten, werden diese ihr Verhalten nicht ändern. Es gibt immer gute Gründe für ein bestimmtes Erziehungsverhalten: Eigene Vorstellungen von Erziehung, die von der Mittelschichtsnorm abweichen oder Prägungen durch die eigene Geschichte. Es wird Ihnen nicht gelingen, ungefragt mit gutgemeinten Ratschlägen zu einer Veränderung beizutragen.

Im Gegenteil: Eltern werden sich abgelehnt und belehrt vorkommen.

Gleich mal ausprobieren

Fragen Sie bei Ihrem nächsten Gespräch die Eltern nach ihrem Erziehungsideal.

Zeigen Sie Empathie für ihre Anstrengungen und Ziele.

Konfrontieren Sie die Eltern ehrlich mit Ihren Beobachtungen des Kindes in der Schule.

Machen Sie auf entsprechende Beratungsstellen aufmerksam.

Nur Eltern, die sich akzeptiert fühlen, sind bereit, Sie nach Erziehungsratschlägen zu fragen. Am besten jedoch sind die Lösungen, die Eltern selbst gefunden haben.

ELTERNPFLICHTEN VEREINBAREN

51

Erwartungen an die Eltern offen formulieren

Auch wenn die Kinder mit dem Eintritt in die Grundschule eine neue Selbstständigkeit einüben und zu Hause manchmal wenig erzählen, braucht es für den Schulerfolg der Kinder weiterhin die aktive Unterstützung der Eltern. Anstatt sich jedoch über deren Untätigkeit oder Hilflosigkeit zu ärgern, sollten Sie Ihre Erwartungen an die Eltern bei jedem Elternabend offen deklarieren, damit sie entsprechend aktiv werden können.

Gleich mal ausprobieren

Diskutieren Sie mit den Eltern einen Vertrag über konkrete Erziehungsaufgaben. Die Eltern verpflichten sich darin:

- ihrem Kind jeden Tag ein Frühstück zuzubereiten;
- ihr Kind rechtzeitig in die Schule zu schicken und pünktlich abzuholen;
- die Schulsachen auf Sauberkeit zu kontrollieren und Fehlendes zu ersetzen oder aufzufüllen;
- mit ihrem Kind an jedem Schultag zu besprechen, wie es ihm in der Schule ergeht und ins Mitteilungsheft zu schauen;
- ihrem Kind für seine Anstrengungen Wertschätzung entgegenzubringen (Basteleien nicht gleich wegwerfen);
- ihrem Kind Bildschirmkonsum vor der Schule zu verbieten. Der tägliche Bildschirmkonsum (Summe aus TV, Internet, Spielkonsolen usw.) des Kindes wird auf eine Stunde beschränkt;
- Filme und Spiele dürfen nur altersentsprechend sein;
- ihrem Kind jeden Tag mindestens neun Stunden Schlaf zu gönnen;
- bei Fragen und Problemen für weitere Informationen mit dem Lehrer zuerst Kontakt aufzunehmen und alle Elternabende zu besuchen.

Einerseits sind Eltern, die nicht wissen, was sie zum Schulerfolg ihrer Kinder beitragen können, für Richtlinien dankbar. Andererseits wird durch die Auflistung der Erziehungsaufgaben Last von Ihren Schultern genommen.

Um die Ecke gedacht

Damit sich der Vertrag auf Akzeptanz stützen kann, ist eine kurze, aber offene Diskussion darüber am Elternabend sehr wichtig. Sie können die Regeln auch durch die Eltern selbst aufstellen lassen.
Oder die Eltern wählen die drei wichtigsten Regeln selbst aus, die dann in die Vereinbarung kommen. Der Vertrag muss nicht vollständig sein. Er soll den Eltern aber klarmachen, dass sie Ihnen Erziehungsanstrengungen schulden.

Elterntypen 52

Auch Eltern nehmen in der Schule eine Rolle ein. Steve de Shazer (2014) unterscheidet drei verschiedene Typen:

- **Besucher:** Diese Eltern zeigen kein Problembewusstsein und keine Veränderungsbereitschaft („Geschickte und Zwangsbeglückte")
- **Klagende:** Sie zeigen sehr wohl ein Problembewusstsein, aber keine Veränderungsbereitschaft.
- **Klienten:** Sie sind die idealen Eltern, weil sie Problembewusstsein und Veränderungsbereitschaft mitbringen.

Klienten-Rolle ermöglichen

Um Eltern die „Klienten-Rolle" zu ermöglichen, sollten sie sich konstruktiv und nicht „belehrend" verhalten.
Sagen Sie den Eltern, dass sie die Spezialisten für das Kind daheim sind und der Lehrer der Spezialist für das Kind in der Schule ist. Eltern werden dann schneller zur Kooperation bereit sein.
Je konfliktreicher die Eltern-Lehrer-Beziehung ist, desto gründlicher sollte ein Gespräch vorbereitet werden (Tipp 54).

› Tipp 54

Lassen Sie sich nie auf ein Tür- und Angel-Gespräch ein, außer in absoluten Notfällen. Kündigen Sie bereits am ersten Elternabend an (Tipp 51), dass gemeinsame Gespräche

› Tipp 51

nur nach Vereinbarung und Angabe des Themas stattfinden werden – und zwar auf Gegenseitigkeit. Bei Spontangesprächen werden Sie unvorbereitet in eine Gesprächssituation gezwungen und haben dadurch von vornherein schlechte Karten.

Wenn Sie die Eltern einladen, betonen Sie bereits hier, dass Anlass und Ziel das Wohlergehen des Schülers ist. Bei einer Kooperation kann eine wirklich gute Lösung gefunden werden.

Dramatisieren Sie auch den Gesprächsanlass nicht – das würde Angst machen. Beschreiben Sie konkret und bewerten Sie nicht („kontaktscheu", „aggressiv", „unkonzentriert" sind z. B. Bewertungen). Geben Sie den Eltern möglichst oft die Chance „Klienten" zu sein.

Umgang mit Migrantenfamilien

53

Vertrauen herstellen

Im Umgang mit anderen Kulturen ist besondere Empathie notwendig, um sich auf kulturelle Unterschiede einzustellen. Erst wenn eine Vertrauensbasis hergestellt ist, ist es möglich, Probleme anzusprechen, die aus den unterschiedlichen kulturellen Sichtweisen entstehen.

Eltern könnten z. B. ein Problem damit haben, ihr Kind zur Projektwoche in ein Schullandheim zu schicken. Meist betrifft das sowohl Jungen als auch Mädchen. Es war in dieser Familie vielleicht bisher nicht üblich, dass das Kind auswärts übernachtet. Warum soll sich das jetzt ändern? Die Eltern müssen sich erst langsam an diesen Gedanken gewöhnen.

Gleich mal ausprobieren

Bei Übernachtungen: Zeigen Sie den Eltern Bilder von der Unterkunft der Projektwoche. Erklären Sie, wie schön es dort sein wird und was das Kind alles versäumen würde, wenn es nicht mitfährt. Verweisen Sie auf die Möglichkeit des Handykontakts, um die Eltern zu beruhigen.

Bei Sprachbarrieren: Sorgen Sie dafür, dass das Kind anwesend ist und notfalls übersetzt. Oft reichen die Sprachkenntnisse der Eltern nicht aus, um sich mit Ihnen über Verhaltensprobleme des Kindes zu unterhalten. In diesem Fall ist es notwendig, dass das Kind dabei ist und übersetzt. Manche Eltern bringen von sich aus einen Dolmetscher mit.
Manchmal schicken Eltern minderjährige Geschwister zum Sprechtag. Diese sind nicht erziehungsberechtigt und daher als alleinige Gesprächspartner für den Lehrer nicht geeignet.
Bei sozialer Selbstabgrenzung: Werben Sie für eine Teilnahme am Leben der anderen Eltern. Helfen Sie bei der Vernetzung!

Migrantenfamilien, die sozial schwach sind, haben meist viel existenziellere Probleme als Erziehungsfragen. Sie brauchen Informationen über Behörden, Job- und Wohnungssuche.
Migrantenfamilien, die aus einem ländlichen Umfeld stammen, bringen zudem oft großen Respekt gegenüber der Schule und dem Lehrer mit. Sie kennen keine Schulpartnerschaft und verstehen auch nicht, warum sich Eltern einer Klasse außerhalb der Schule treffen sollten. Dieses andere Schulverständnis führt dazu, dass Migrantenfamilien sich oft nicht an außerschulischen Treffen beteiligen. Oftmals verfügen sie über keine E-Mail-Adresse und haben daher einen schlechten Informationsstand. Auch wenn ihre Kinder die Einladungen ausgedruckt nach Hause mitbekommen, nehmen sie oft nicht teil an Veranstaltungen. Dadurch entstehen kaum freundschaftliche Kontakte zwischen ausländischen Eltern und einheimischen Eltern.
Außerdem hat bei diesen Familien ein Kind einen anderen Stellenwert in der Familie. Geburtstage werden nur in der Familie gefeiert und schon gar nicht werden andere Kinder dazu eingeladen.
Es ist wichtig, dass diese Eltern und auch ihre Kinder trotzdem zu Partys und anderen Veranstaltungen eingeladen werden und nicht ausgeschlossen sind.

Achtung!

Es entsteht vielleicht der Eindruck, dass manche Familien einfach „nicht wollen". Aber das ist ein Missverständnis. Hören Sie nicht auf, in Kontakt zu treten! Lassen Sie notfalls das Kind von anderen Familien zu außerschulischen Veranstaltungen mitnehmen. Es soll erleben, wie in anderen Kulturen miteinander umgegangen wird und dass es keinen Grund gibt, sich zurückzuziehen.

54 Achtung Elternüberfall

„Guten Morgen! Haben Sie kurz Zeit?", lächelt die Mutter verkniffen. Aus ihren Augen blitzt es. Das kann was werden! In der Klasse brodelt es gerade. Sie müssen sie in die nächste Arbeitsphase leiten. Sieht das diese Mutter nicht? Offensichtlich nicht. Es kocht in ihr. Sie will ihr Anliegen gleich loswerden (Tipp 48).

› Tipp 48

Um die Ecke gedacht

Nicht alle Menschen sind fähig, eine vertrauensvolle Beziehung für viele Jahre bedachtsam herzustellen. Impulsivität und Gegenwartsbezogenheit wirken auf das Gegenüber oft, als kümmere man sich nicht um eine gemeinsame Zukunft. Doch die aufbrausende Art der Mutter geht durchaus mit einem Bedürfnis nach Vertrauen einher. Man kann nicht von allen Menschen in allen Lagen verlangen, ohne innere Widersprüche zu sein.

Ihre Reaktion soll eine langfristige vertrauensvolle Beziehung befördern und gleichzeitig Ihre Grenzen wahren. Sie wollen zu Recht nun kein Gespräch beginnen. Dazu gilt es, im Augenblick abzuschätzen, wie schnell Sie die Mutter auf einen anderen Termin schieben können. Probieren Sie es, Sie können sich nicht zweiteilen.

Gleich mal ausprobieren

Fragen Sie nach dem Anliegen. Stimmen Sie zu, dass es sich um ein ernst zu nehmendes Problem handelt. Bitten Sie um Verständnis, dass Sie jetzt nicht genügend Ruhe und Konzentration dafür aufbringen können. Vereinbaren Sie gleich einen Termin.

Signalisieren Sie mit Ihrer Körperhaltung, dass man jetzt nicht an Sie rankommt.

Höfliche Abweisung

Diese höfliche Abweisung wird vielleicht nicht allen Zorn besänftigen können. Jedoch können Sie diesem im vereinbarten Gespräch viel besser begegnen – vielleicht mit Unterstützung einer Kollegin (Tipp 58). Die Mutter wurde vielleicht an Situationen bei Behörden erinnert, in denen sie in aller Höflichkeit nur vertröstet wurde. Sie jedoch können im Gespräch später beweisen, dass es bei Ihnen anders ist und Sie ihr helfen wollen.

› Tipp 58

Die schlechte Nachricht

55

Wie sage ich es den Eltern? Der Überbringer der schlechten Nachricht wird bekannterweise hingerichtet. Wie können Sie das vermeiden?
Erfährt ein Elternteil, dass sein Kind Auffälligkeiten zeigt, muss es erst die üblichen Trauerphasen durchschreiten: Leugnen, Aufregung und schließlich Niedergeschlagenheit. Erst dann kann die Realität konstruktiv angenommen werden. Ein Gespräch ist dafür oft zu kurz.

Achtung!

Keine voreilige Diagnose erstellen

In einem Gespräch kann es nicht darum gehen, eine Diagnose über das Kind zu erstellen. Das wäre unprofessionell und fehlerhaft. Schnell würden Fragen der Schuld im Zentrum stehen und das Gesprächsklima vergiften. Halten Sie sich dahingehend also zurück.

Manche Eltern hören in der Grundschule von denselben Schwierigkeiten ihres Kindes wie im Kindergarten. Sind sie schon einmal mit Ignorieren erfolgreich gewesen, werden sie auch diesmal erstaunt und ungläubig reagieren. Diese Eltern brauchen Zeit – und Ihre professionelle Beharrlichkeit (Tipp 52).

› Tipp 52

Eltern haben kaum Möglichkeiten, das Verhalten ihres Kindes als normal oder auffällig zu bewerten. Sie erleben ihr Kind selten in altersgleichen Gruppen. Darüber hinaus fehlt ihnen Wissen über den Verlauf von Auffälligkeiten.

Gleich mal ausprobieren

Besprechen Sie alles vorab mit einer Kollegin. Das gibt Ihnen Sicherheit.
Laden Sie unbedingt beide Elternteile ein.
Erzählen Sie von Ihren Beobachtungen in der Ich-Form.
Achten Sie auf eine aufrechte und offene Körperhaltung.
Vermeiden Sie Interpretationen und Deutungen.
Lassen Sie sich unterbrechen!
Fragen Sie die Eltern nach ähnlichen Beobachtungen.
Laden Sie die Eltern in den Unterricht ein.

Gelingt es Ihnen, bei den Eltern ein Problembewusstsein zu wecken, kann der Hintergrund mit behutsamen Fragen erkundet werden.
Erst wenn das in einem vertrauensvollen Dialog gelungen ist, steht der Weg zur Diagnose offen. Vielleicht ist es dafür notwendig, eine entsprechende Beratungsstelle aufzusuchen. Bestärken Sie die Eltern darin. Maßnahmen haben erst Sinn, wenn die Diagnose fundiert ist.
Das Gespräch ist dann erfolgreich, wenn die Eltern Ihre Beobachtungen akzeptieren können. Überaus erfolgreich ist es, wenn ihnen klar geworden ist, wie wichtig eine Verbesserung für die Entwicklung des Kindes ist.
Aber eilen Sie mit Weile: Eltern brauchen ihre Zeit für Leugnen, Aufregung und Niedergeschlagenheit.

Schwierige Situationen 56

- **Wenn Eltern weinen:** Dies ist grundsätzlich ein Zeichen von Vertrauen. Geben Sie dem Weinen einfach ein wenig Raum. Verfallen Sie nicht in hektisches Trösten. Reichen Sie ein Taschentuch und geben Sie Zeit.
- **Wenn Eltern aggressiv werden:** Meist steckt Sorge hinter der Aggression. Vielleicht hilft es, dies anzusprechen.
- **Wenn Eltern gar nichts mehr sagen:** Vielleicht verursachen Sie dies, indem Sie zu viel reden … Sprechen Sie das Schweigen an: „Was würde es Ihnen leichter machen, zu sprechen?"
- **Wenn Eltern zu viel reden:** Mit Namen ansprechen und zusammenfassen, „damit nichts Wichtiges verlorengeht".
- **Wenn Eltern lügen:** Die meisten Menschen lügen aus Angst oder Scham. Versuchen Sie jetzt nicht, die Eltern zu „überführen". Das würde die Situation eskalieren lassen. Stattdessen sagen Sie: „Das ist eine interessante Sicht der Dinge. Aus meiner Sicht stellt es sich folgendermaßen dar …"

Eltern nicht überführen

Unkooperative Eltern achten 57

Ärger mit Eltern kennt jeder Lehrer. Selten findet sich eine konstruktive Lösung, meist können die handelnden Personen einfach nicht aus ihrer Haut. Sie kennen sicher einige Schüler, die es zu Hause sehr schwer haben. Als Sie deren Eltern kennenlernten, wurde Ihnen schnell klar, warum (Tipp 58). Zudem werden aus nachlässigen Erziehungsberechtigten keine Vorzeigeeltern, so sehr wir uns das auch wünschen.

› Tipp 58

In solchen Fällen ist es meist erfolglos, mit den Eltern anhand von Mitteilungen Kontakt aufzunehmen und dadurch eine Veränderung herbeizuführen („Ihr Kind macht keine Hausaufgaben", „Ihr Kind kommt ständig zu spät"). Ein Teil des Misserfolgs rührt aber auch von unserer Seite: Wir ahnen – aus Erfahrung – schon sehr genau, was bei dem Schüler zu Hause schief läuft. Diese Vorahnung wird in kurzen Gesprächen am Sprechtag oder in Telefonaten zum unterschwelligen Vorwurf an die Eltern. Damit sehen sich die Eltern in der Verteidigungsrolle und das eigentliche Ziel, eine Verbesserung herbeizuführen, geht unter. Nach dem Gespräch bleibt bei beiden ein schaler Nachgeschmack: Die Fronten sind verhärtet.

Erfahrung wird zum Vorwurf

Gleich mal ausprobieren

Der Ärger über Eltern ist eine zusätzliche Belastung, die Sie vermeiden können. Sehen Sie sich zunächst die folgende Liste von gängigen Vorwürfen unsererseits gegenüber Eltern an:

- „Die Eltern kommen ihren Erziehungsaufgaben nicht nach."
- „Den Eltern ist es egal, was in der Schule passiert."
- „Wenn etwas schief läuft, ist immer die Schule schuld."
- „Die Eltern kommen nur in die Schule, um sich zu beschweren."
- „Eltern glauben stets, dass ihre Kinder gut sind und sich richtig verhalten."
- „Eltern überfordern heutzutage ihre Kinder. Sie sehen nicht, wie die Kinder unter dem Druck leiden."

Sie finden sicherlich zu jedem Vorwurf ein Beispiel aus Ihrem Schulalltag. Fehlen wichtige Vorwürfe?

Nun sehen Sie sich die Vorwürfe der Eltern an:

- „Das Wohl unseres Kindes ist dem Lehrer egal."
- „Die schlechte Note kommt daher, dass der Lehrer mein Kind nicht mag."
- „Wäre der Lehrer engagierter, hätte mein Kind mehr Spaß am Unterricht."
- „Die Lehrer sollen nicht immer nur unterrichten, sondern auch die Kinder erziehen."
- „Lehrern gegenüber muss man immer höflich sein, weil es mein Kind in der Schule sonst noch schwerer hat."

Sehen Sie, wie schnell ein konkreter Vorwurf auf der anderen Seite als plattes Vorurteil ankommen kann? Keiner von uns ist frei von Vorurteilen. Zu beobachten, wie bestimmte Eltern in ihren Vorurteilen gefangen sind, sollte Sie daher milde stimmen. Es hat nichts mit Ihnen zu tun und ist nur allzu menschlich. Diese Gedanken sollten Ihnen genügend Luft geben, um unkooperativen Eltern erst einmal arglos zu begegnen.

Denken Sie daran, dass Eltern von ihrem Erziehungsstil mindestens genauso überzeugt sind wie Sie von Ihrem Verbesserungsvorschlag. Je realistischer Sie die Situation einschätzen, desto mehr Ärger ersparen Sie sich. Respekt bedeutet manchmal einfach Abstand (Tipp 50).

› Tipp 50

Sympathie-Dolmetsch 58

So sehr Sie sich auch bemühen, ein vertrauensvolles Gespräch aufzubauen, Sie werden auf Eltern stoßen, mit denen das nicht möglich ist. Es sind meist Eltern, deren Persönlichkeit Ihnen vollkommen entgegensteht oder sehr nahe ist. So passiert es, dass „man nicht miteinander kann".
Ihnen stehen Ihre Kolleginnen zur Reflexion zur Verfügung, aber Eltern bleiben sehr oft in affektiver Ablehnung stecken. Ein Elterngespräch ist in dieser Situation nicht sinnvoll.

Achtung!

Unsere pädagogische Verantwortung endet nicht mit dem, was wir persönlich tun können. Notwendige Aufgaben, die man nicht selber lösen kann, sollen nicht vermieden, sondern delegiert werden. Es soll mehr Mühe in das Fortkommen des Kindes fließen als lediglich die Herstellung einer Gesprächsbasis.

In den allermeisten Fällen gibt es eine Kollegin, mit der die Eltern können. Warum sie nicht als „Dolmetscherin" einsetzen?

Gleich mal ausprobieren

Seien Sie mutig: Sprechen Sie im Elterngespräch eine gefühlte Antipathie an: „Ich glaube, wir haben noch keinen direkten Draht zueinander gefunden. Mit der richtigen Vermittlung wird es schon funktionieren."
Schlagen Sie den Eltern die Hinzuziehung einer Kollegin vor. Bitten Sie um einen Vorschlag.

Diskutieren Sie im Kollegium, wie die Schule auch mit „Anti-Eltern" eine vertrauensvolle Gesprächsbasis herstellen kann.
Schließen Sie untereinander eine „Dolmetsch-Vereinbarung". So bringen Sie Ihre Botschaft viel leichter an die Eltern (Tipp 48).

› Tipp 48

59 Eine Ämterübersicht führen

Ein guter Weg, um Schülern Erfolge zu ermöglichen, sind Ämter. Ob es sich um die Reinhaltung des Klassenraums, das Einsammeln von Heften oder anderen Aufgaben handelt – der einzelne Schüler kann sich auf diese Weise ein Lob von Ihnen holen. Damit Sie den Überblick behalten, wer welches Amt innehat, eignet sich die folgende Liste, die Sie am besten immer in der Klasse hängen haben.

Gleich mal ausprobieren

Führen Sie diese Liste, um Verantwortlichkeiten stets im Blick zu haben:

Amt	Woche	Schüler
Hefteausteiler Bote Blumengießer Turnkorbträger Tafelputzer		

Achtung!

Seien Sie sich dessen bewusst, dass die Schüler lernen sollen, Verantwortung zu übernehmen. Der Schüler wird das Amt dann gut ausfüllen, wenn er seine Aufgabe auf seine Weise meistern darf.
Seien Sie geduldig!

Kinder helfen aus 60

Es geht wieder einmal drunter und drüber. Ein unzähmbarer Flohhaufen, der sich der Bildgeschichte nicht nähert und auch nicht nähern kann. Sie haben das Gefühl, dass die Kinder weder am Thema dran sind noch Ihnen folgen wollen.
Wenn Sie jetzt zusätzlich von etwas anderem in Beschlag genommen sind, hilft später nur noch ein Peitschenknaller. Es ist sehr belastend, wenn die Kinder sich sofort gegenseitig aufschaukeln, sobald Aufgabenstellung und Aufsicht nicht genau passen. Das kann ja bitte schon mal vorkommen. Muss man immer perfekt sein? Nein – wenn man auf die Hilfe der anderen zählen kann.
Deshalb brauchen die Kinder eine Strategie, auch in unstrukturierter und wenig geleiteter Zeit für sich das Maximum an Lernen herauszuholen. Geben Sie den Kindern eine Anleitung für diesen Fall.

Gleich mal ausprobieren

Entwerfen Sie mit den Kindern ein Plakat: „Kinder helfen aus – wenn's mal drunter und drüber geht".

- Erinnere dich: Die Arbeitsaufgabe ist wichtiger als das Herumalbern.
- Was du jetzt schaffst, bleibt dir als Hausaufgabe erspart.
- Sage „Später!" zu denen, die dich ablenken wollen.
- Mache dem Lehrer Vorschläge zu einer besseren Sitzordnung.

- Zuhören ist ein gemeinsames Erlebnis! Fordere die Mitschüler dazu auf.
- Frage rechtzeitig, ob du das Gesagte richtig verstanden hast.
- Hole dir eine Aufgabe für die Lernzeit oder für zu Hause.

Sie gehen schon viel beruhigter zur Schule, wenn Sie auf Kinder zählen können, die Ihren Fehlgriff in der Aufgabenstellung oder eine Zeitspanne kraftloser Führung durch eigene Anstrengung ausgleichen. Bedanken Sie sich anschließend bei den Schülern.

61 Klassenaufstellung

Manche Klassen sind für den Lehrer ein Mysterium. Nur zu gerne will man wissen, wie die Schüler zueinander und zu einem selbst stehen. In jeder Klasse gibt es Freundesgruppen, Zweiergruppen und Außenseiter. Bei der Festlegung der Sitzordnung steht man immer wieder vor dem Dilemma, ob man die Netzwerke gut genug einschätzen kann.
Ein gutes Mittel, Ihre unbewussten Beobachtungen in einer solchen Klasse ans Licht zu bringen, ist eine Klassenaufstellung mit selbst gebastelten Figuren.

Gleich mal ausprobieren

Basteln Sie für jeden Schüler und für sich selbst eine Figur:

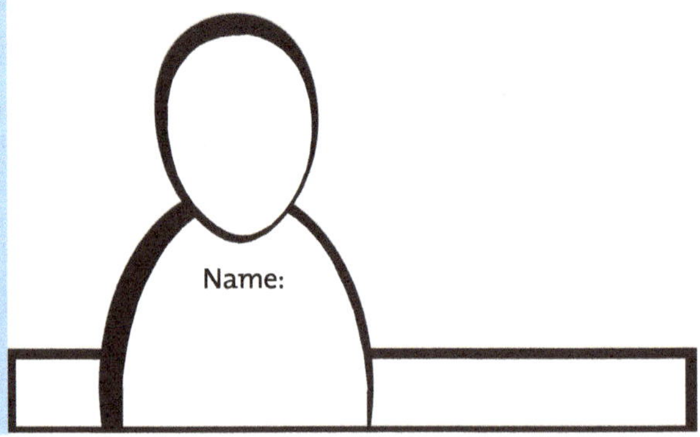

Verschieben Sie die Figuren – ausgehend vom Sitzplan, bis Ihnen die Positionen der einzelnen Schüler zueinander und zu Ihnen schlüssig erscheinen.
Gerade Erfahrungen, die Sie ganz beiläufig in der Klasse gemacht haben, können anhand dieser Methode zu einem realistischeren Bild der Schüler beitragen. Für Gruppenarbeiten könnte man verschiedene Kindertypen so gezielt zusammenbringen. Erfahrungsgemäß gehen Kinder mit ihren Freunden in die Gruppe, was dazu führt, dass die Gruppen leistungsmäßig enorm differieren. Kinder mit Migrationshintergrund suchen sich ebensolche Kinder, wodurch sie sprachlich gar nicht profitieren können.

Schülergerecht delegieren

62

Arbeitsauftrag verständlich formulieren

› Tipp 59

Wenn Sie mit dem Delegieren von Tätigkeiten starten, werden die Schüler Ihre Aufträge zunächst möglicherweise unvollständig oder falsch ausführen. Sie werden sich dann denken: „Hätte ich das nur selbst gemacht!“ Meist liegt es an der Formulierung des Arbeitsauftrags: In der Grundschule sind diese Ämter üblich: Hefteausteiler, Bote an die Schulleitung, Blumengießer, Turnkorbträger, Tafelputzer usw. (Tipp 59). Diese Ämter wechseln wöchentlich oder monatlich. Manche Kinder üben diese Ämter gewissenhaft aus, andere sind vergesslich und müssen jedes Mal neu erinnert werden.

Achtung!

Sie haben sicherlich eine recht genaue Vorstellung davon, wie eine bestimmte Tätigkeit erledigt werden soll.
Seien Sie eindeutig in der Beschreibung des Ergebnisses, aber lassen Sie den Schülern auch freie Hand. Es motiviert die Schüler für weitere Aufgaben, wenn ihr eigenständiger Beitrag respektiert wird.

63 Thermometer statt PISA

Bisher gibt es keine objektiven Messverfahren für guten Unterricht. Das halten wir für einen großen Missstand. Wir sollten als Berufsgruppe darauf pochen, dass gute Messverfahren entwickelt werden, mit denen unsere Arbeit qualifiziert beurteilt werden kann. Ich bin sicher, dass ein objektives und anerkanntes Verfahren unsere Arbeitszufriedenheit erhöhen würde.

Lernerfolg kein Gradmesser für guten Unterricht

Sind nicht PIRLS, TIMSS, PISA usw. objektive Messverfahren unserer Arbeit? Nein, denn sie messen den Lernerfolg der Schüler, der nur zu 20 bis 40 Prozent von der Qualität des Unterrichts abhängt. Außerdem werden die Ergebnisse von der jeweiligen Tagesverfassung der Schüler so stark verzerrt, dass individuelle, klassenweite und schulweite Ergebnisse nicht aussagekräftig sind. Übrig bleiben schwammige Vergleiche zwischen den Ländern (Tipp 73).

› Tipp 73

Die lange Auswertungsdauer der Standardtests vernichtet zudem jeden Nutzen für die Schüler. Man kann mit den Ergebnissen Ranglisten mit dreidimensionalen Diagrammen erstellen, doch die Tests messen die Qualität von Unterricht genauso treffsicher wie ein Thermometer den Bewölkungsgrad. Apropos – viel aufschlussreicher ist diesbezüglich die Methode „Unterrichtsthermometer".

Methode „Unterrichtsthermometer"

Gleich mal ausprobieren

- Zeichnen Sie am Ende einer Lerneinheit ein großes Thermometer auf die Tafel.
- Jeder Schüler soll in Form einer Temperaturangabe eintragen, wie gut die Stunde für ihn war.
- So kommen Sie im Handumdrehen zu aussagekräftigem Feedback.

Mehr Profi-Talk mit Kollegen

64

Wir Profis brauchen gute Gespräche über unsere Arbeit, um neue Ideen zu entwickeln oder Unterstützung in stressigen Situationen zu erhalten.
Durch die Arbeitsorganisation an der Schule sind wir dazu verleitet, intensive Kooperation mit Kollegen zu vermeiden. Wir neigen dazu, eine Fassade der Souveränität aufzubauen. Und wenn Sie einen Kollegen schließlich doch einmal mit einem Problem aus Ihrem Unterricht konfrontieren, erhalten Sie nur zu oft einen besserwisserischen Ratschlag. Damit ist Ihnen nicht nur nicht geholfen, Sie wurden gleichzeitig auch in Ihrer Kompetenz herabgesetzt.
Doch was ist für Sie effektiver, als mit Unterrichtsprofis über Unterricht zu sprechen? Wie sonst kommen Sie zu guten Anregungen? Wer sonst versteht die Gründe für Ihre Erfolge und Misserfolge? In der Schule, wo wir gern und gut unterrichten wollen, müssen wir uns über gelungene und weniger gelungene Unterrichtsrezepte austauschen können – egal, ob die Strukturen dies vorsehen oder nicht. Dazu bieten sich selten die Pausen an, manchmal gemeinsame Freistunden und oft einfach ein gemeinsames Mittagessen.

Gemeinsame Mittagessen zum Austausch nutzen

Achtung!

Es geht nicht darum, sich in solchen Gesprächen die Sorgen von der Seele zu reden, sondern um einen ehrlichen Austausch über Unterrichtsmethoden und Erziehungsaufgaben. Gespräche mit dem Fokus auf erfolgreiche Unterrichtsgestaltung, die getragen sind von gegenseitigem Respekt, inspirieren Sie und geben Ihnen Kraft für Ihren Weg zu mehr Erfolg im Unterricht (Tipp 65). Die Gesprächsbasis dafür müssen Sie langsam und bewusst aufbauen.

› Tipp 65

Gleich mal ausprobieren

Stellen Sie einem Kollegen die unverbindliche Frage nach seinem Lieblingsunterrichtsthema und einem schönen Erfolg in seinem Unterricht. Erzählen Sie von einem eigenen

Erfolg und feiern Sie diese Erfolge gleich bei einem Kaffee. Ein empfehlenswerter Weg, um zu einer guten Gesprächsbasis zu kommen, ist es, Kritik zu vermeiden und Lob und Zustimmung in den Vordergrund zu rücken. Vielleicht besteht ein gemeinsames Interesse an der Weiterentwicklung des eigenen Unterrichts – sicherlich aber an weiteren Erfolgen, die man feiern kann.
Bereichernd ist es auch, jemanden zu finden, der andere Methoden bevorzugt, um Vorurteile zu hinterfragen und Respekt aufzubauen. Orten Sie wie ein Sonar, welche Kollegen zu einem professionellen Dialog bereit sind (Tipp 2).

› Tipp 2

Der Profi-Talk soll sich um die eigene Freude am Unterrichten drehen. Misslungene Stunden oder Schwierigkeiten sind nur der Aufhänger, um über passende Methoden und Strategien zu sprechen. Dabei gibt ein längeres, tiefes Gespräch schon viel Kraft.

65 Unterstützung geniessen

Unterstützung anbieten

Von einem kooperativen Umfeld sollten wir nicht träumen, sondern es konkret schaffen: Das beginnt bei der Zurverfügungstellung eigener Unterlagen oder dem Aufbau einer Lehrmittelsammlung. Substanzieller ist die Bereitschaft, im Falle des Falles Arbeitslasten von anderen zu übernehmen. Je konsequenter Sie Ihre Kollegen unterstützen, desto eher werden Sie auch auf Unterstützung zählen können.
Wie mühlselig ist es, jedes Problem selbst lösen zu müssen. Und wehe, die Belastung steigt oder es läuft privat gar nicht gut. Allein die Gewissheit, dass jede weitere Belastung zum Zusammenbruch führen könnte, schafft Stress und schwächt. Dazu kommen die alltäglichen Hürden, die durch die unzureichende materielle und personelle Ausstattung Ihrer Schule verursacht werden (Tipp 94). Sie fühlen sich überfordert. Oftmals merkt niemand etwas davon. Wer gibt von sich aus schon gern zu, überfordert zu sein?

› Tipp 94

Gleich mal ausprobieren

Bitten Sie Kollegen um Unterstützung, wenn Sie das nächste Mal in Ihrem Schulalltag Schwierigkeiten ausgesetzt sind oder Probleme aufkommen, bevor Sie sie selbst lösen. Zu erfahren, dass Kollegen Ihnen mit Rat und Tat zur Seite stehen, gibt mehr Kraft als nur auf sich selbst zu vertrauen (Tipp 64). Fragen Sie beispielsweise einmal einen Kollegen, mit dem Sie sonst wenig Kontakt haben.
Genießen Sie jede Unterstützung, die Sie erhalten!

› Tipp 64

SOS-Tipp

Auf eine Bitte darf auch mit „Nein" geantwortet werden. So unangenehm es ist, abgewiesen zu werden, so belastend ist eine widerwillig erhaltene Zusage. Unterstützung aus purer Höflichkeit wirkt oberflächlich. Gewähren auch Sie selbst nur Hilfe, für die Sie wirklich Kompetenz und Zeit haben. Dann kommt der Kollege in den Genuss echter Unterstützung.

66 Belastung umformulieren

Belastungen bilden Sie sich nicht ein, sie sind objektiv nachweisbar. Unser Job ist nicht leicht.

Um die Ecke gedacht

Mit der Belastung ist es wie mit einem schweren Rucksack auf einer langen Wanderung. Wenn er sich richtig reinhängt, verdammt man jedes Stück, das man zu viel eingepackt hat. Wie überflüssig sind doch die zweite Jacke, der dritte Müsliriegel und das GPS! Aber da muss man nun durch. Und beim nächsten Mal ist man wieder überzeugt, all das unbedingt zu benötigen.

Es ist wichtig, sich Belastungen vor Augen zu führen, um genügend „Wut" für eine Veränderung aufzubauen.

Wut führt zu Veränderung

Nun kommt es darauf an, aus der Diagnose eine wirksame Therapie abzuleiten. Dabei hilft es, die Belastungen schrittweise zu einer Veränderungsabsicht zu führen.

Gleich mal ausprobieren

Denken Sie an eine konkrete Belastung wie den Schallpegel beim Turnunterricht, die nicht erholsamen Pausen, das Nachtelefonieren ...
Formulieren Sie in drei Schritten:
1. Mich belastet, dass es zwischen den Stunden immer so laut zugeht.
2. Mich belastet, dass ich in der Pause nicht in normaler Lautstärke konzentriert mit einem Kind sprechen kann und ständig unterbrochen werde (Tipp 42).
3. Ich möchte für ein Gespräch eine ruhige Umgebung haben.

› Tipp 42

Sie haben nun ein Ziel, dessen Realisierung Sie verfolgen können. Wenn der Geist einmal auf ein positives Ziel ausgerichtet ist, werden Sie zumindest das ändern, was in Ihrer Macht steht. Weil wir Menschen Gewohnheitstiere sind, ist selbst das eine Aufgabe, die viel Beharrlichkeit und Geduld erfordert. Kleine Erfolge werden Sie sicher bestärken.

67 Notizensalat vermeiden

Alles, was Sie niederschreiben, werden Sie Stunden oder Tage später wieder lesen wollen. Deshalb ist es wichtig, dass Sie jede Notiz dorthin schreiben, wo Sie sie leicht wiederfinden können (Tipp 72). Sie haben vier wichtige Aufgabenbereiche:

› Tipp 72

- Vorbereitung des Unterrichts,
- Individuelle Fördermaßnahmen und Notengebung,
- Außerunterrichtliche Arbeiten (Organisatorisches, Korrekturen, Termine usw.),
- Entwicklung neuer Unterrichtsideen, Planen von Lehrausgängen.

Erstellen Sie für jeden Aufgabenbereich eine übersichtliche Notizenvorlage.

Notizblätter nach Aufgabenbereichen anlegen

Gleich mal ausprobieren

Anhand der folgenden Unterlagen sind alle vier genannten Aufgabenbereiche des Lehrers abgedeckt:

- **Stammblatt für jeden Schüler:** Sie sparen viel Zeit, wenn Sie jede Beobachtung aus dem Unterricht gleich auf das passende Schülerstammblatt schreiben. Dieses Blatt ist eine aussagekräftige Grundlage für Elterngespräche und die Notengebung.
- **Klassenblatt:** Führen Sie ein Blatt, auf dem Sie den Stand bezüglich der Kompetenzen und Ideen für die nahe Zukunft notieren. Dieses Blatt lesen Sie, wenn Sie weiteren Unterricht vorbereiten.
- **To-do-Liste:** Führen Sie eine Liste, auf der Sie alles notieren, was Sie in der nächsten Zeit außerhalb des Unterrichts konkret tun müssen: Ansage entwerfen bzw. korrigieren, einen Termin für einen Museumsbesuch ausmachen, Geld einsammeln. Auf dieses Blatt blicken Sie immer dann, wenn Sie außerhalb des Unterrichts eine neue Aufgabe anfangen wollen.
- **Ideensammlung:** Die Notizen für spontane Einfälle, Lesetipps oder Beiläufiges, das Sie nicht vergessen wollen, werden Sie immer wieder inspirieren. Nach einiger Zeit gehen Sie dann in Ihr Langzeitgedächtnis über und erscheinen später einmal wieder als konkrete Ideen.

Die Stammblätter und das Klassenblatt können Sie in einer der Klasse zugeordneten Heftmappe aufbewahren. Halten Sie diese Mappe, die To-do-Liste und die Ideensammlung in der Klasse bereit. Wenn es Ihnen gelingt, sich darauf immer wieder Stichworte zu notieren, ersparen Sie sich viel Stress und Sorge.

Ideen sofort notieren

68 Zwischenablage Umzugskarton

Zum Schuljahresende türmen sich die Stapel auf den Lehrertischen: Aufsätze, Arbeitsblätter, Aufzeichnungen und Kopien von längerfristigem Interesse. Mit der Höhe der Stapel nehmen auch die Selbstvorwürfe zu: „Hätte ich doch alles gleich eingeordnet!"

Im Schulnetz sammelt sich zudem in Form von Bild- und Textdateien Gigabyte um Gigabyte. Wer hat da noch den Durchblick? Irgendwann einmal, sagen Sie sich, muss ich die Dateien durchforsten. Irgendwann.

Bestünden die Stapel wirklich aus wichtigen Papieren, hätten Sie sie schon längst bearbeiten müssen. Doch bis echter Bedarf nach einer der Unterlagen oder Dateien aufkommt, bietet sich ein Umzugskarton oder Ordner im Schulnetz als Zwischenablage an – ehe dann doch alles in den Papierkorb wandert.

Gleich mal ausprobieren

- Organisieren Sie sich zu Schuljahresschluss einen Umzugskarton und füllen Sie ihn mit allen Unterlagen, die Sie quälen.
- Stellen Sie den Karton in den Schulkeller und schreiben Sie Ihren Namen, die Schulstufe und das Datum darauf – mit der leisen Hoffnung, dass Sie irgendetwas davon in vier Jahren (wenn Sie wieder dieser Schulstufe unterrichten) verwenden wollen.
- Öffnen Sie den Karton fünf Jahre später (wenn Sie noch an dieser Schule sind). – Wenn Sie nun doch nichts für Ihre neue Klasse benötigt haben, kippen Sie den gesamten Inhalt ins Altpapier.
- Füllen Sie ihn nun mit den aktuellen „Die sollte ich auch mal durchsehen"-Unterlagen. Neues Datum drauf und ab in den Keller (Tipp 69).
- Tun Sie dasselbe mit Ihren Dateien: Erstellen Sie einen Jahresordner, in den Sie alle Dateien verschieben. Weil Speicherplatz heute so billig ist, können Sie ihn bis zum Festplattencrash (der kommt sicher) dort lassen.

› Tipp 69

Die Zeit, die Sie brauchen, um im Notfall aus dem Karton ein Arbeitsblatt hervorzukramen, wird immer wesentlich kürzer sein als die Zeit, die Sie mit einer sorgsamen Sortierung und Archivierung verbrächten.

Suchen ist schneller als Sortieren

Was Sie für Ihre neue Klasse (vier Jahre später) nicht brauchen, werden Sie nie wieder benötigen. Nur sehr, sehr seltene Ausnahmen bestätigen diese goldene Regel.

Der Rest erledigt sich von selbst

69

To-do-Listen sind eine beliebte Technik, um sich selbst am Vergessen von Aufgaben zu hindern. Die Kehrseite der Medaille ist eine ständig präsente Ermahnung, was noch alles zu erledigen ist. Die Listen werden zudem meist länger und länger und belasten das Gewissen (Tipp 67).

› Tipp 67

Bedenken Sie daher Folgendes: War es wirklich Nachlässigkeit, die Sie an der frühzeitigen Erledigung der einen oder anderen Aufgabe hinderte? Wieso haben Sie die Aufgabe nicht gleich erledigen wollen? Wahrscheinlich gab es Wichtigeres zu tun. Eine innere Stimme bremste Ihren Fleiß, eine Stimme, die sich aus den vielen Erfahrungen unnötiger Anstrengungen speiste. Wie viele Ordner haben Sie bereits mit interessanten Arbeitsblättern gefüllt, die Sie bisher nie wiederverwendet haben? Wie viele Lernspiele liegen herum, die Sie noch nie im Unterricht eingesetzt haben? Wie oft haben Sie sich schon um eine rechtzeitige und korrekte Abgabe eines Formulars bemüht, um dann mitzubekommen, dass die Abgabe des Kollegen – mit Nachbesserungsbedarf – eine Woche später auch toleriert wurde? Wie oft kam es vor, dass Sie Ihre vorschriftsmäßige Abgabe aufgrund einer kurzfristigen Vorschriftsänderung überarbeiten mussten?

Unwichtiges liegen lassen

Diese Erfahrungen helfen Ihnen dabei, Wichtiges von Unwichtigem zu unterscheiden. Das Unwichtige nicht zu erledigen, ist eine sehr gute Strategie, die Sie als solche schätzen sollten. Schließlich erledigen sich viele „To-dos“ letztlich von selbst.

Gleich mal ausprobieren

- Erledigen Sie pro Tag nur wenige Aufgaben – und zwar nur die, deren Erledigung bereits ansteht.
- Nehmen Sie sich von Ihrer To-do-Liste zusätzlich nur das vor, wozu Sie wirklich Lust haben.

Der Rest erledigt sich von selbst.

70 Korrekturen variieren

Der Löwenanteil der Nachbereitung des Unterrichts besteht aus Korrekturen. Je älter die Kinder werden, desto länger die Korrekturzeit. Und es wird Ihnen dabei sehr langweilig. Also weniger korrigieren?

Nein. Es ist wichtig, dass die Kinder die Wörter richtig geschrieben sehen, weil sie sich die Schreibweise einprägen. In Mathematik ist die Korrektur auch wichtig, aber nicht so nachhaltig wie im Deutschunterricht. Früher mussten die Schüler meist falsch Geschriebenes am Seitenende dreimal nachschreiben. Es gibt aber noch viele andere Varianten, mit Fehlern sinnvoll umzugehen. In manchen Klassen sammelt jedes Kind falsch geschriebene Wörter in einer eigenen Kartei. In anderen Klassen nennt sich das Wörterheft. Diese Wörter werden dann in Freiarbeitsstunden gesondert geübt. In Aufsatzstunden werden die Schüler dazu angehalten, im Wörterbuch nachzuschauen oder sie kommen zum Lehrer, um zu fragen.

› Tipp 60

Um fehlerübersäte rot korrigierte Aufsätze zu vermeiden, kann man Kinder auch auf Fehlersuche schicken (Tipp 60): „Es sind acht Fehler im Aufsatz, bitte suchen", sagt dann der Lehrer. Einfacher für den Schüler ist es, wenn der Lehrer falsche Wörter mit Bleistift unterstreicht und der Schüler bessert dann selber aus. Bei diesen Korrekturarten kommt allerdings der Lehrer ständig zum Einsatz und bei jedem Schüler mehrere Male.

In der ersten Klasse, wenn die Kinder noch lautgetreu schreiben, bleibt der Aufsatz wie er ist. Das muss man auch den Eltern erklären, die sich sonst womöglich aufregen, dass der Lehrer nicht korrigiert.

Gleich mal ausprobieren

- Probieren Sie eine neue Korrekturvariante. Wie geht es Ihnen damit?
- Was fördert die Schreibfreude der Kinder und was schont Ihre Nerven?
- Wechseln Sie Ihre Methode, um etwas Farbe in den grauen Korrekturalltag zu bringen.

71 Nur mal fünf Minuten

Wieder einmal liegt ein Stapel Hefte zur Durchsicht. Je länger Sie ihn ansehen, desto mehr Dinge fallen Ihnen ein, die Sie noch schnell erledigen müssen. Zu allerletzt will noch ein köstlicher Tee zubereitet sein – mit der nötigen Sorgfalt und Ruhe.
Statt sich über Ihren Hang zum Aufschieben zu ärgern, tricksen Sie sich doch einfach aus!

Gleich mal ausprobieren

- Versprechen Sie sich selber, nicht länger als fünf Minuten mit dem Heftstapel zuzubringen.
- Wenn Sie sich nicht über den Weg trauen, stellen Sie sich die Eieruhr.
- Nehmen Sie das erste Heft und beginnen Sie die Durchsicht.
- Nach fünf Minuten entscheiden Sie, ob Sie daran weiterarbeiten (Tipp 70).

› Tipp 70

Die Chancen weiterzumachen stehen nicht schlecht. Wenn man schon mal dabei ist …

72 Nachbereiten nicht vergessen

Der Lehrberuf ist einer der lebendigsten. Er ist voll von Emotionen und Aktivität. Daher ist er auch voller Unvorhersehbarkeiten. Sie wissen vorab nicht, wie die Klasse die jeweilige Sequenz aufnehmen wird. Sie erleben Sternstunden und Katastrophen – manchmal beides an einem Tag. Da kann der Gedanke an den nächsten Tag schon von gemischten Gefühlen begleitet sein (Tipp 41).

› Tipp 41

Sie wollen die Schüler jeden Tag wiedergewinnen, die von Ihnen didaktisch-wertvoll vorbereiteten Stunden durch aktive Arbeit am Stoff mitzutragen. Eine Gefahr solches „vorbereiteten Unterrichts" besteht darin, dass die Schüler heimlich zu Bildungskonsumenten erzogen werden (Tipp 60). Und Sie selbst gehen oft mit dem zehrenden Gefühl nach Hause, dass die eine oder andere Aufgabenstellung, das eine oder andere Material nicht optimal waren. „Hätte ich mich doch länger vorbereitet!"

› Tipp 60

Ihre Vorbereitung wird viel effizienter, wenn Sie bei der Vorbereitung Ihre Erkenntnisse aus vergangenen Unterrichtsstunden einarbeiten.

Sorgfältige Nachbereitung erleichtert die Vorbereitung

Gilt die Nachbereitung als lästige Pflichtübung, die häufig nur noch aus der Seitenzahl im Buch besteht, bis zu der die Klasse heute vorgedrungen ist, werden Sie viel mehr Sinn darin sehen, wenn Ihre Notizen Ihre Vorbereitungsarbeit wesentlich erleichtern (Tipp 67). Die folgenden Unterrichtssequenzen werden besser zur Klasse passen und mehr Zustimmung finden.

› Tipp 67

Gleich mal ausprobieren

Ändern Sie die Reihenfolge Ihrer Unterrichtsarbeit zu: Nachbereitung – Vorbereitung – Stunde.
Nach einem Tag sind Sie voll von Eindrücken und Gefühlen. Sie sind um einiges klüger geworden, was das Können und die Interessen Ihrer Schüler betrifft. Diese Eindrücke sind die eigentliche Grundlage für die Vorbereitung. Je treffender Sie diese in Ihrer Nachbereitung erfassen, desto effizienter werden Sie vorbereiten.

73

In Deutschland sind wir Lehrer im Grunde noch kaiserliche Beamte. Auch wenn die Ministerien uns den Beamtenstatus vorenthalten, so erwarten sie von uns doch ein Beamtenverhalten. Das drückt sich in den Formulierungen der Erlässe genauso aus, wie im Bundesbeamtengesetz, dem wir untergeordnet sind. Darin werden wir aufgefordert, uns „mit vollem persönlichen Einsatz unserem Beruf zu widmen“ (BBG 2009 § 62 Abs. 1). Das Landesbeamtengesetz in Nordrhein-Westfalen z. B. schreibt vor: „Der Beamte hat sich mit voller Hingabe seinem Beruf zu widmen“ (LBG NRW § 57 Abs. 1). Der Auftrag zur „vollen Hingabe“ und zum „gewissenhaften Engagement“ gilt allerdings nur für den gesetzlichen Auftrag. Der Beamte darf darüber hinaus nicht aus eigenem Antrieb oder gar aus unternehmerischem Geist handeln. Er soll die verfügten Arbeitsabläufe nicht verlassen.

Was im Meldewesen funktioniert, führt im Schulwesen zu eklatanten Widersprüchen. Ein engagierter Unterricht verletzt schnell irgendeine Vorschrift. Andererseits weckt „Unterricht nach Vorschrift“ den Unmut der Schüler und Eltern und zieht oft Amtsstubenzynismus nach sich.

Unterricht nach Vorschrift?

Um die Ecke gedacht

Anstatt sich an den Kopf zu greifen und zu fragen, wie sich die Juristen denn das alles in der Realität vorstellen, sollten Sie daran denken, dass die juristisch und bürokratisch denkenden Beamten der Schulverwaltung mit ihren Veröffentlichungen ihre Meinung ausdrücken, wie Schule gelingen könnte. Diese Meinung kann durchaus unpädagogisch und falsch sein.

Gleich mal ausprobieren

Machen Sie Ihre eigene Meinung, wie Unterricht gelingt, zur Basis Ihres Handelns. Probieren Sie einfach alles aus, was Sie für sinnvoll halten und bleiben Sie Ihrem Weg treu (Tipp 17). Zerbrechen Sie sich vor allem nicht den Kopf über Erlasse und

› Tipp 17

Vorschriften. Ihre Vorgesetzten machen Sie früh genug darauf aufmerksam. Sie finden dann sicherlich gemeinsam einen Weg, Ihren guten Unterricht weiterführen zu können. Vergessen Sie nicht, dass eine einwandfreie Befolgung aller Vorschriften Sie sogar von gutem Unterricht ablenken kann. Setzen Sie die Erlasse in Ihrem Sinne produktiv um, denn nur guter Unterricht bringt Ihnen Zufriedenheit.

74 Konferenzen Sinn verleihen

Sie kennen die endlosen, unproduktiven Konferenzen und Besprechungen: Der Direktor bringt wichtige Informationen. Dann werden Fragen dazu abgehandelt. Oft sind die Inhalte langweilig oder betreffen nur einzelne Lehrer. Etwaige Fragen werden oft nicht gestellt, weil niemand die Konferenz unnötig in die Länge ziehen will. Da es den meisten Ihrer Kollegen auch so geht, kommt es erst recht zu keinem Gedankenaustausch (Tipp 64).

› Tipp 64

Konferenzen stärken das Wir-Gefühl

Es gibt allerdings auch gute Gründe, Konferenzen abzuhalten: Solch eine Versammlung stärkt das Wir-Gefühl. Das macht sie für viele Kollegen attraktiv. Man kommt aus dem engen Horizont der eigenen Aufgaben hinaus und erlebt etwas gemeinsam mit Kollegen, mit denen man sonst wenig Kontakt hat. Sie tun sich leichter, wenn Ihnen der eigentliche Sinn einer bestimmten Konferenz bewusst ist.

Sich den Sinn der Konferenz bewusst machen

Gleich mal ausprobieren

Stellen Sie sich im Vorfeld einer Konferenz folgende Fragen:

- Werde ich dort persönlich um meine Meinung gefragt?
- Werde ich etwas Interessantes erfahren?
- Werde ich erfahren, was die Kollegen denken?
- Werde ich anderen mit Beifall gratulieren können (Tipp 65)?

› Tipp 65

Die Fragen, die Sie eindeutig mit Ja beantworten können, weisen auf den Sinn dieser Zusammenkunft hin. Somit wird es für Sie leichter, die Zeit dafür zu opfern.

75

Tagebuchaufzeichnungen von Lehrern ergaben eine ungleichmäßige Verteilung der Vor- und Nachbereitungszeiten über die Woche hinweg. Von Montag bis Donnerstag dominieren Korrekturarbeiten, Her- und Wegräumen von Material, Zuschneiden, Kopieren usw. Freitagnachmittag gibt es dann eine kleine Verschnaufpause. Am Wochenende wird dann die nächste Woche geplant und vorbereitet.
Bedenklich ist, dass am Sonntag sehr viel Zeit für die Schule aufgewendet wird. Für eine beträchtliche Anzahl von Lehrern ist also der Erholungswert des Wochenendes deutlich eingeschränkt. Ein „Abschalten-Können" ermöglicht aber erst ein richtiges „Durchstarten"! Während des Schuljahres tritt ein hoher Verschleiß persönlicher Ressourcen ein, der auch nicht durch die langen Ferienzeiten kompensiert werden kann. Deshalb ist es wichtig, während der Arbeitswoche eine echte Abschaltphase, z. B. den Samstag, einzuplanen (Tipp 9).

Eingeschränkter Erholungswert des Wochenendes

Tipp 9

Gleich mal ausprobieren

Führen Sie ein Tagebuch über Ihre Vor- und Nachbereitungszeiten. Gehören Sie auch zu den Wochenendschwerarbeitern?
Wenn Sie zu den Wochenendschwerarbeitern gehören, dann versuchen Sie, sich am Samstag oder Sonntag freizuspielen. Zumindest ein ganzer Tag sollte ohne Schule verbracht werden!

Ein Tag frei von Schule

Achtung!

Den Freitagnachmittag halten viele gerne von Arbeit frei – und nehmen insgeheim in Kauf, am Samstag und Sonntag einzuarbeiten. Doch damit nimmt man sich die unendliche Erholung, die ein Tag bietet, der vom Aufstehen bis zum Schlafengehen frei von Schule ist.

Veränderung für alle

76

Gleich mal ausprobieren

- Was hat sich bei Ihnen in den vergangenen Jahren verändert?
- Kleiden Sie sich anders?
- Haben Sie Ihre Pausengewohnheiten verändert?
- Wenden Sie neue Unterrichtsmethoden an?

Viele Konflikte von früher nicht mehr vorhanden

Sie sehen, wie viel Sie heute anders machen – wahrscheinlich ohne Ihren eigenen Unterrichtsstil im Kern aufgegeben zu haben. Vieles geht Ihnen heute glücklicherweise leichter von der Hand, viele Konflikte von früher haben Sie heute nicht mehr.
Denken Sie daran, wenn Sie sich über „die Art" einer Kollegin ärgern.

Um die Ecke gedacht

Man verspürt eine gewisse Sicherheit, die anderen auf ihre Fehler festzunageln. Der eigene, einseitige Standpunkt erscheint einem umso mehr Halt zu geben, je weniger Veränderung (Besserung) vom anderen zu erwarten ist.

› Tipp 86

So wie Sie sich veränderten, so geht es auch der Kollegin (Tipp 86). Geben Sie ihr eine Chance auf Veränderung! Ein ermutigendes Wort und viel Geduld spart Nerven und gibt Hoffnung.

Sich des eigenen Professionalismus bewusst sein

77

Einige wenige Berufe haben es an sich, dass ein jeder genau zu wissen glaubt, wie sie auszuüben sind. Das ist beim Fußball so und das ist auch bei der Schule so. Daher laufen viele Diskussionen über die Schule zwischen Lehrern und Nichtlehrern derart schief. Das Gute an der Sache ist, dass

unsere Arbeit viele Menschen interessiert. Alle haben selbst viel Zeit in Schulen verbracht und manche widmen sich nun als Eltern intensiv dem schulischen Geschehen.
Also glauben manche Eltern, uns Lehrern gute Tipps geben zu müssen. Einige Eltern beschäftigen sich derart intensiv, lesen Fachliteratur, unterhalten sich stundenlang mit anderen Eltern, wissen genau Bescheid über Montessori, Freinet usw. Mit einem Wirrwarr an Ideen treten sie an uns heran. Einige „engagierte" Eltern treffen sich monatlich, um der Klassenlehrerin dann ausrichten zu lassen, was sie sich so alles vorstellen für den Unterricht ihres Kindes (Tipp 98). Sie wollen die Lehrerin so richtig vor sich hertreiben. Das kann gewaltigen Stress auslösen.

› Tipp 98

Wichtig ist hier, klare Grenzen zu ziehen und Eltern mit klaren Worten zurückzuweisen: „Danke ich brauche keine Hilfe" oder „Es ist sehr nett, dass Sie sich so viele Gedanken machen, aber ich weiß was ich tue". Denken Sie sich, dass es schön ist, dass man sich so für die Schule interessiert. Den Fußballprofis ist es ja auch lieber, dass viele Fans über sie reden, als dass die Stadien leer bleiben. Zaungäste gehören zu einem Geschäft mit Massenpublikum einfach dazu.
Wir Lehrer wissen, dass die wenigsten Nichtlehrer keine ganze Unterrichtswoche überstehen würden. Eine einzelne Stunde würde ihnen vielleicht gelingen, weil sie sich noch auf die Neugier der Schüler stützen könnten. Doch spätestens bei der dritten Stunde zeigt sich, wer es wirklich „drauf hat"! Wer kann dann noch Interesse wecken, die Führung in der Klasse übernehmen und die Souveränität behalten? Sie können das, weil Sie ein Profi sind.

Nur wir Profis „haben's drauf"

Um die Ecke gedacht

Jeder kann einen Boden verlegen, aber nur der Bodenleger kann das mit sämtlichen Materialien und meistert auch schiefe Wände und unregelmäßige Estriche. Wir können guten Unterricht auch an schwierigen Tagen und angesichts suboptimaler Ausstattung halten. Das kann das mitdiskutierende Publikum nicht. Und darauf können Sie stolz sein!

Gleich mal ausprobieren

Machen Sie sich immer wieder Folgendes bewusst:
Wir Lehrer sind Profis, weil wir guten Unterricht

› Tipp 1
- stetig (Tipp 1),

› Tipp 84
- unter wechselnden Bedingungen (Tipp 84),

› Tipp 91
- in schwierigen Situationen (Tipp 91) und

› Tipp 15
- auf dem aktuellen Stand der Wissenschaft (Tipp 15) halten können.

Lehrerbasher stoppen

78

Sie sitzen bei einer Feier mit anderen Ihnen unbekannten Gästen an einem Tisch. Im Gespräch werden die Hobbys und Berufe ausgetauscht. Auf Ihren Beruf reagiert eine Person mit: „Wie gern hätte ich auch einmal sechs Wochen Urlaub am Stück!“ Sofort spüren Sie, dass Ihr Status in der Runde auf dem Spiel steht. Sie sind am Zug. Wie behaupten Sie sich? Sie können natürlich mit Erklärungen um Verständnis werben. Oder sind Sie gar solcher Anwürfe müde und stecken den Angriff wortlos weg? Sie müssen jedenfalls immer und überall damit rechnen, dass selbst oberflächliche Kontakte zu anstrengenden Kämpfen um Ihr Ansehen werden.

Manche wollen austeilen

Die meisten Menschen glauben, dass sie, allein weil sie als Schüler acht bis zwölf Jahre in der Schule verbracht haben, etwas Fundiertes über unseren Beruf sagen können. Als hätten Sie all diese Jahre ihre Lehrer wie ein Schulinspektor beobachtet und wären nicht mit dem eigenen Heranwachsen mehr als ausgelastet gewesen. Wenn ein solch überheblicher Mensch durch reißerische Medienberichte und einstmalige Schwierigkeiten mit seinen Lehrern angetrieben die Höflichkeit gegenüber unserem Berufsstand hintanstellt, haben Sie es mit einem typischen Lehrerbasher zu tun. Es lässt sich nicht vermeiden, dass Sie immer wieder auf solche Leute treffen. Deshalb spart es Nerven, sich für solche Situationen vorab schlagfertige Antworten zurechtzulegen.

Gleich mal ausprobieren

Versuchen Sie erst gar nicht, Ihre Arbeitssituation zu erklären. Der Lehrerbasher sucht sich einfach einen beliebigen Haken, an dem er seine Angriffe aufhängen kann. Je mehr Sie erklären, desto mehr wird er Ihre Aussagen für seine Angriffe nutzen. Behaupten Sie sich!

Sie werden in solchen Gesprächen den Sieg davontragen, wenn Sie schlagfertig kontern. Zeigen Sie, dass Sie den aggressiven Teil der Aussage verstehen und bei einem Schlagabtausch nicht so leicht unterzukriegen sind. Ein witziger Konter Ihrerseits kann das Schulthema humorvoll beenden, bevor es anstrengend für Sie wird.

Kampfbereitschaft signalisieren

Die Lehrerbasher haben drei Angriffspunkte im Visier: unsere Ferienzeiten, unsere freie Zeiteinteilung außerhalb des Stundenplans und die relative Sicherheit unserer Anstellung. Um gewandt auf diese Angriffe reagieren zu können, sollten Sie sich einige Standardantworten einprägen (Tipp 79–82). Eine Liste möglicher Anwürfe und Entgegnungen soll Ihnen dabei helfen. Lernen Sie die Antworten auswendig und üben Sie sie mit Kollegen. Üben Sie auch eine überzeugende Körpersprache ein, damit Sie den Basher schnell und wirksam stoppen können.

› Tipp 79–82

Natürlich ist es unangenehm, jemanden brüsk abzuweisen. Vielleicht ist der Konter aggressiver als die Bemerkung gemeint war und wirkt patzig. Vertrauen Sie auf Ihr Bauchgefühl: Es trügt nicht. Denken Sie auch daran, dass Erwachsene wesentlich mehr an Zurückweisung vertragen als Kinder. Ihre Gesprächspartner kommen schon darüber hinweg. Vor allem merken sie sich, dass sie bei Ihnen mit Höflichkeit mehr erreichen als mit Vorurteilen.

Gegenüber verträgt Zurückweisung

79 Schlagfertig beim Thema Ferien

Wie gern hätte ich auch mal sechs Wochen Urlaub am Stück!

- Da halte ich Ihnen mal ganz fest die Daumen, dass es klappt.
- Ich bin sicher, Ihr Chef kann Sie auch mal länger entbehren.
- Hätten Sie doch nur Ihren Gewerkschaftsbeitrag rechtzeitig bezahlt.
- Da wird Ihnen fad. Es gibt nämlich nur wenige Pauschalreisen, die so lange dauern.

Es ist wirklich schwer, im Sommer die Kinder gut unterzubringen.

- Das stimmt. Eine Auswertung der PISA-Studie ergab, dass Lehrerkinder wesentlich besser abschneiden, als die, die den Sommer im Ferienlager verbringen müssen.
- Machen Sie sich keinen Kopf, schicken Sie die Kinder auf eines dieser Ferienlager.

Müssen Sie sich in den Ferien vorbereiten?

- Ja, sicher. Der Kaffeevorrat will wohlüberlegt aufgefüllt werden.
- Klar, die nächsten Ferien gehören schließlich gut vorbereitet.
- Na, das ist ja eine originelle Frage. Ziehen Sie für gewöhnlich den linken oder den rechten Schuh zuerst an?

80 Schlagfertiges zum Beamtentum

Stimmt es, dass in den letzten zehn Jahren kein einziger Lehrer gefeuert wurde?

- Nein. Erst letztes Silvester wurde ein Lehrer mit Brandverletzungen eingeliefert.
- Richtig. Haben Sie sich gut gemerkt.

Unser Geschichtslehrer hat jeder Klasse aus seinen abgegriffenen Zetteln immer dasselbe vorgelesen.

- Ein vorbildliches Beispiel für Effizienz am Arbeitsplatz.
- Und wie oft mussten Sie es hören, um es zu verstehen?
- Das war doch kein so schlechter Lehrer. Immerhin wussten Sie genau, worum es ging, als Sie denselben Stoff ein Jahr später wieder hörten.

Schlagfertiges zu Ihrem Status

81

Lehrer sein ist für die Gesellschaft ein so wichtiger Beruf!

- Das finde ich auch. Ich bin übrigens gerade auf dem Weg ins Kanzleramt.
- Ja, RedBull bemüht sich ständig um Werbeflächen an unserer Kleidung.
- Lieber voll dabei statt nur auf der Zuschauertribüne.

Die Kinder sind heute viel schwieriger als früher, oder?

- Ja, ich bin so fertig, dass meine Schüler bereits für meinen nächsten Kuraufenthalt sammeln.
- Passen Sie auf! So eine Meinung ist ein untrügliches Zeichen für einen fortgeschrittenen Alterungsprozess.

Schlagfertiges zum Halbtagsjob

82

Sie müssen ja Ihre Kinder nicht in den Hort geben.

- Ja, deshalb wurden wir ja auch als „Eltern des Jahres" nominiert.
- Glauben Sie, meine Kinder hätten sonst eine Chance auf den ersten Preis bei der Mathematik-Olympiade?
- Da bin ich froh: PISA hat gezeigt, dass Lehrerkinder besser abschneiden als der Rest.
- Ohne die Lehrerkinder, die nicht in den Hort müssen, würden wir bei PISA voll abstürzen.

Ich habe mir nach der Elternzeit auch überlegt, einen Halbtagsjob anzunehmen.

- Ich verstehe. Es gibt noch immer das Vorurteil, dass Halbtagsjobs nur etwas für Unqualifizierte sind.
- Dann kommt Lehrer ohnehin nicht infrage: Wenn ich nicht ständig die Eltern meiner Schüler anriefe, hätte ich eigentlich gar nichts mehr zu tun.
- Seien Sie froh: Einen halben Tag arbeiten und die restliche Woche so tun, als ob, kann echt nerven.

Die Freundin eines Bekannten sitzt immer am späten Abend an Korrekturen. Dafür kann sie den Nachmittag mit ihren Kindern verbringen.

- Die Arme. Naja, es gibt noch ein paar wenige Lehrer, die wirklich korrigieren.
- Besser als im Büro auf die Uhr und am Abend in die Glotze zu starren.
- Die Kinder müssen noch klein sein. Meine Kinder erledigen meine Korrekturarbeit am Nachmittag. Den Abend halte ich mir für Theater- und Konzertbesuche frei.

83 Ärger mit dem Direktor

Keine Radfahrerhaltung entwickeln

Ärger auf den Chef wird oft als angstvoll empfunden und deshalb an Ersatzpersonen ausgelassen, von denen man nicht so viel befürchten muss. Wie das Kind die Wut auf die Mutter die Puppe spüren lässt, besteht die Gefahr, dass der Lehrer seine Wut in der Klasse auslässt. Er nimmt unbewusst eine „Radfahrerhaltung“ ein: Nach oben buckeln, nach unten treten. Gefallen sich Direktoren und Schulaufsichtsbeamte als Überwacher und Kontrollierer, fördert dies selten das pädagogische Klima. Schlimmer, Sie leiden an der fehlenden Wertschätzung.
Es ist daher wichtig, ein partnerschaftliches Beziehungsklima zu Vorgesetzten und Kollegen zu haben. Sie selbst können etwas verändern.

Gleich mal ausprobieren

Bringen Sie weniger Unterwerfung in die Beziehung zu Ihrem Direktor! Riskieren Sie mehr persönliche Begegnung! Zeigen Sie, was Ihnen an Ihrer Arbeit gefällt. Vergessen Sie nicht, hin und wieder Ihre Erfolge zu präsentieren (Tipp 18). Vermutlich würde es den Direktor nachdenklich machen, dass er „seinem" Lehrer die Freude am Unterrichten verdirbt.

› Tipp 18

Wenn in solchen Situationen keine Auseinandersetzung zwischen Lehrer und Direktor stattfindet, dann wächst die Gefahr auch einer Beziehungsstörung zwischen Lehrer und Schülern.

Achtung!

Sollte keine Verbesserung der Beziehung zu Ihrem Direktor eintreten, beantragen Sie eine Versetzung. Sie tun damit Ihrer Gesundheit einen großen Gefallen.

Versetzung überlegen

84 Stress mit der Schulbehörde

Sie haben sich schon auf das nächste Schuljahr gefreut, Pläne geschmiedet, Arbeitsmaterialien zusammengesammelt und dann? Der Direktor teilt Ihnen mit, dass Sie doch nicht die heiß ersehnte erste Klasse bekommen, sondern eine vierte Klasse. Sie sind sauer auf dieses Schulsystem, bei dem über Leute einfach drübergefahren wird. Wie erwartet läuft es auch gar nicht gut mit dieser vierten Klasse – ein verpatzter Schulbeginn. Wohin mit der Wut?

Gleich mal ausprobieren

Wenn Sie schlecht behandelt werden, dann wehren Sie sich gleich! Anrufen, vorsprechen und gut argumentieren – vielleicht gibt es doch eine andere Lösung. Wir Lehrer sind oft zu devot unseren Vorgesetzten gegenüber und vergessen deren Fürsorgepflicht (§ 78 BBG) (Tipp 73).

Nicht devot sein

› Tipp 73

85 „Anti“-Kollegen umbewerten

Der Ärger in Ihrer Klasse kann sich im Lehrerzimmer fortsetzen. Da gibt es Kollegen, die einem einfach unsympathisch sind.

Mit einigem Glück müssen Sie mit einem solchen „Anti-Kollegen“ nicht eng kooperieren. Trotzdem würden Sie sich freier fühlen, wenn Sie das Gefühl hätten, es zur Not doch irgendwie hinzubekommen, wenn es denn sein müsste. Finden Sie daher, um Ihrer eigenen Freiheit willen, einen Zugang zu Ihrem „Anti“.

Den „Anti“ umbewerten

Sie werden mit ihm nicht unmittelbar im Team arbeiten wollen. Aber wie wäre es, wenn es ein, zwei „Kanäle“ gäbe, auf denen Sie unbekümmert mit ihm reden könnten? Gerade wenn Sie nicht wirklich wissen, warum er Ihr „Anti“ ist, kann die Methode des Umbewertens (nach Andreas Helmke 2004) Sie zu einem professionellen Umgang führen.

Abstandhalten als Ausdruck von Teamfähigkeit

Es geht nicht darum, blindes Vertrauen zueinander zu gewinnen, sondern in einem zivilisierten Dialog mit anders „tickenden“ Kollegen zu stehen. Sich dabei unsympathische Kollegen auf Distanz zu halten, ist ebenso ein Ausdruck von Teamfähigkeit, wie mit diesen trotzdem eine Gesprächsbasis zu pflegen.

› Tipp 76

Jeder „Anti“ weniger im Lehrerzimmer spart Ihnen Zeit, Nerven und macht Ihren Schulalltag weniger anstrengend (Tipp 76).

Gleich mal ausprobieren

- Bewerten Sie Ihren „Anti“ einmal ganz bewusst und mit all Ihren Vorurteilen.
- Machen Sie sich diesbezüglich Ihre eigenen Gefühle bewusst.
- Überlegen Sie, was Sie am liebsten tun würden. (Gemeinheiten sind durchaus erlaubt.)
- Dann wechseln Sie den Fokus und suchen liebenswerte Aspekte an der betreffenden Person. Strengen Sie sich an: Jeder Mensch hat etwas, was Sie an ihm mögen.
- Hören Sie auf Ihre Gefühle und machen Sie sich diese zu dem liebenswerten Aspekt bewusst.

- **Dann überlegen Sie aus dieser Perspektive, was Sie am liebsten tun würden.**

Nun haben Sie es in der Hand, es weiterhin beim kühlen Klima gegenüber dem betreffenden Kollegen zu belassen oder vielleicht mit einer wertschätzenden Bemerkung eine schmale Brücke zu ihm zu bauen.

Gute Direktoren lassen Klassenlehrer ihre Teamlehrer selbst aussuchen, damit die Chemie stimmt. Meist entstehen dennoch im Laufe eines Unterrichtsjahres Meinungsverschiedenheiten.
Es ist wichtig, professionell miteinander umzugehen – auch als Vorbildwirkung für die Schüler.

Offenheit unter Kollegen

86

Wir Menschen betrachten Spannungen und Probleme zumeist nur aus dem eigenen Blickwinkel. Wenn Sie das Problem einfach so aussprechen, kommt es mit Sicherheit als Vorwurf an. Und fertig ist der Konflikt.
Die Vermeidung jedoch führt zu hemmenden oder gar destruktiven Verhaltensmustern – im Extremfall zur inneren Kündigung oder langen Krankenständen.

Achtung!

**„Es so sagen, dass die anderen es gut nehmen können", ist zu wenig. Man muss auch bereit sein, Verantwortung für die Konfliktbewältigung zu übernehmen.
Zeigen Sie, dass Sie den eigenen Anteil des Problems sehen und lösen wollen. Führen Sie eine diplomatische Lösung herbei.**

Für eine gelungene Mitteilung Ihres Unwohlseins vollführen Sie zuerst einige Gedankengänge.

Gleich mal ausprobieren

Überlegen Sie bei sich, was Sie Störendes bemerken. Welche Handlungen der Kollegin löst bei Ihnen Ärger oder Bedrückung aus?
Versuchen Sie, die beobachteten Handlungen von Ihrer Interpretation zu trennen.
Nehmen Sie sich fest vor, im Gespräch neugierig darauf zu sein, wie die Antwort Ihrer Kollegin Ihre Interpretation verändert. Hoffen Sie insgeheim, dass Sie Schlimmeres vermuteten als tatsächlich beabsichtigt war.

Gesundes Klima im Kollegium

Den anderen verstehen wollen und vom anderen verstanden werden zu wollen, ist die Grundlage für Offenheit und ein gesundes Klima im Kollegium.

87 Miteinander älter werden

In den ersten Jahren sorgt man sich noch um die Anstellung für das nächste Jahr. Man fühlt sich dem Kollegium nicht ganz zugehörig und redet bei langfristigen Themen kaum mit. So kann es passieren, dass man Jahr für Jahr immer aufs Neue den Dienst „zufällig" an der gleichen Schule mit den gleichen Kolleginnen versieht (Tipp 86).

› Tipp 86

Man ist dabei geneigt, Konflikte hinauszuschieben. Was nützt eine Auseinandersetzung, wenn man nächsten Herbst nicht mehr miteinander zusammenarbeitet?
Somit fallen viele didaktische Diskussionen unter den Tisch. Denn gerade die interessanten Themen sind meist kontrovers. Unhinterfragt leben sich Gewohnheiten ein.

Um die Ecke gedacht

Die Neuen – mit ihren frischen Ideen und ihrem Wissen aus der Fachhochschule – verhindern eine „Vergreisung" des Kollegiums. Erst wenn sie (aufgrund sinkender Schülerzahlen) fehlen, fällt auf, wie gut allen die Auseinandersetzungen mit den fremden Ansichten getan haben.

Gewohnheiten, Erfahrung und gemeinsames Altern verleiten nur mehr, das Nötigste zu tun. Das Kollegium wird älter, die Schüler nicht. Die eigene Kraft nimmt ab, die Schwierigkeiten zu.

Die Kraft nimmt ab

Reinhold Miller (2005) rät zu diesen vier Ansätzen:

- Das gemeinsame Altern bewusst machen
- Die gegenseitige Hilfe ausbauen
- Impulse von außen hereinlassen
- Entlastung aktiv suchen

Gleich mal ausprobieren

Treten Sie in einen inneren Dialog:

- **Welche Befürchtungen hegen Sie beim Gedanken an das Älterwerden im Beruf?**
- **Welche Erfahrungen machten Sie bisher?**
- **Schätzen Sie Kolleginnen, die andere Sichtweisen und Ziele haben?**
- **Wünschen Sie sich mehr Diskussion?**
- **Wie viel Selbst-Sein brauchen Sie, wie viel Miteinander wollen Sie?**

Schwierige Schüler durchschauen

88

In der Lehrerausbildung gibt es keine Seminarreihe über den Umgang mit schwierigen Schülern. Doch im „wirklichen" Leben sind wir mit ihnen hautnah konfrontiert. Das ist programmierte Überforderung zu Beginn eines Lehrerlebens und hört nie auf, Kräfte zu fressen. Dabei ist auch der Umgang mit Störern in unserem Beruf eine erlernbare Technik. Der Trick besteht darin, durch Versuch und Irrtum schnell die richtige Strategie für den Störer zu finden. Darüber haben sich Individualpsychologen (Dreikurs et al. 1982/2007) schon den Kopf zerbrochen und gute Werkzeuge erstellt, um die Gründe für das störende Verhalten des Schülers auszuloten. Sie diagnostizierten, dass die folgen-

Umgang mit Störern als erlernbare Technik

den vier Beweggründe fast alle Störungen erklären:

- Aufmerksamkeitsverlangen,
- Machtkampf,
- Rache (auch für Taten anderer) und
- Selbstisolation.

› Tipp 61

Jeder Schüler stört den Unterricht auf die Art, die er selbst für die beste Strategie hält, seine Position zu verbessern. Damit tut er eigentlich nichts anderes, als die Mitschüler, die den Unterricht unterstützen. Auch sie streben nach Anerkennung. Die vom störenden Schüler gewählte Strategie verfehlt allerdings augenscheinlich ihr Ziel. Er erhält nicht die Anerkennung des Lehrers. Allein schafft der betreffende Schüler jedoch keinen Strategiewechsel, dazu braucht er uns Erwachsene (Tipp 61). Wir können seinen Antrieb nach Anerkennung und Erfolg nutzen, um eine bessere Strategie anzubieten. Dazu müssen wir aber mit ihm zusammen über seinen Weg zum Erfolg nachdenken.

Um die Ecke gedacht

Gehen Sie davon aus, dass dem störenden Schüler der eigene Antrieb überhaupt nicht bewusst ist. Er braucht Sie, um mehr über sich herauszufinden. Gern akzeptiert er Regeln und die Tatsache, dass Sie u.a. ein disziplinäres Ziel verfolgen, wenn er sich von Ihnen in seinem Drang nach Anerkennung unterstützt fühlt.

Gleich mal ausprobieren

Finden Sie eine passende Gelegenheit, um mit dem Störer zu sprechen.

Stellen Sie unverfängliche und vorwurfslose Fragen zu seinem Beweggrund: „Kann es sein, dass du ...?“

Um den Beweggrund schneller herauszufinden, denken Sie an Ihre eigenen Gefühle während einer Störung. Beginnen Sie mit dem dazu passenden Beweggrund.

- Reagierten Sie bei den Störungen genervt, dann kann es sich um Aufmerksamkeitsverlangen handeln:

„Kann es sein, dass du von mir mehr Aufmerksamkeit willst?/ ... es dir wichtig ist, dass ich mehr von dir und deinen Problemen erfahre?“ (Tipp 89)

- Fühlten Sie sich herabgesetzt, dann kann es um einen Machtkampf gehen:
  „Kann es sein, dass du mehr mitbestimmen willst, was in der Klasse passiert?“ (Tipp 90)
- Fühlten Sie sich verletzt, dann steckt vielleicht eine Racheabsicht hinter der Störung:
  „Kann es sein, dass du mich kränken willst? /... anderen etwas heimzahlen willst?“ (Tipp 91)

Der Schüler wird zustimmend nicken, wenn sein Beweggrund genannt wird. Fragen Sie so lange, bis Sie eine entsprechende Reaktion erkennen.

› Tipp 89
› Tipp 90
› Tipp 91

Das Vorhaben muss nicht gelingen

Wenn Sie den Beweggrund für die Störung herausgefunden haben, können Sie zielsicher Erziehungsmaßnahmen setzen. Seien Sie aber darauf gefasst, dass Sie Fehler machen werden: Sie werden die Störgründe falsch einschätzen, Sie werden Täuschungsmanövern aufsitzen, Sie werden Ihrem Ärger Luft machen müssen. Seien Sie in solchen Situationen tolerant mit sich selbst. Strengen Sie sich nicht an, keine Fehler zu machen. Sie werden Ihre Arbeitsbelastung nur verringern, wenn Sie nicht zu streng mit sich sind.

Achtung!

Es geht nicht darum, eine psychotherapeutische Diagnose zu erstellen. Überlassen Sie das den Fachkräften. Sie müssen nicht wissenschaftlich belegbar wissen, warum ein Schüler stört – die Gründe können sich ändern bzw. vielfältig sein. Es geht vielmehr darum, schnell ein Erziehungsmittel zu finden, das wirkt.

Nachhaltiger Erfolg ist sicher!

Der Aufwand für diese Methode rentiert sich im Unterricht sehr schnell. Wenn es Ihnen gelingt, eine zum Schüler passende Aktion zu setzen, nimmt das Störverhalten für lange Zeit ab – und Ihre Nerven werden geschont.

89 Mit Wichtigmachern umgehen

Schüler, die durch angestrengt häufige Mitarbeit auffallen, rufen nach Bestätigung. Sie wollen ihren Selbstwert mithilfe von Aufmerksamkeit durch die Autoritätsperson verbessern. In der Klasse steht allerdings jedem Einzelnen nur relativ wenig Zuwendung zu, weshalb Sie solch einen Schüler bald als nervend empfinden.

Achtung!

Obwohl der Schüler vordergründig Ihr Unterrichtskonzept unterstützt, ist sein Verhalten nicht Erfolg versprechend: In Phasen ohne Zuwendung zieht er sich zu schnell frustriert zurück. Verhindern Sie, dass Ihre Freude über die aktive Mitarbeit des Schülers nicht seine Probleme bzw. seine Anerkennungsstrategie verdeckt.

Die Zuwendung zügeln

Bleiben Sie Ihren Gefühlen treu: Wenn ein Schüler Sie nervt, nehmen Sie ihn bewusst und gleichmütig nicht öfter dran als andere. Zügeln Sie Ihre Zuwendung im laufenden Unterricht.

Unternimmt der Schüler immer dreistere Versuche, um an Ihre Aufmerksamkeit zu gelangen, haben Sie es mit überhöhtem Aufmerksamkeitsverlangen zu tun. Zu erwarten wäre nämlich, dass er sich auf den von Ihnen vorgegebenen größeren Abstand einstellt und gut damit leben kann.

Gleich mal ausprobieren

Besprechen Sie mit dem Schüler sein Problem:

- Stellen Sie eine Regel auf, wie oft Sie ihn pro Stunde maximal aufrufen werden.
- Vereinbaren Sie nonverbale Zeichen der Wertschätzung.
- Sprechen Sie Ihr Vertrauen aus, dass der Schüler sein Verhalten ändern wird.

Vielleicht verlieren Sie dadurch für einige Zeit eine aktive Stütze Ihres Unterrichts. Doch je eher der Schüler eine erfolgreiche Strategie findet, sein Selbstbewusstsein aufzubessern, desto schmerzfreier wird dieser Prozess für ihn verlaufen. Zudem wird damit auch Platz für andere Schüler geschaffen.

Dem Geltungsstreben eines Schülers begegnen

90

Manche Unterrichtsstörungen haben den Beigeschmack der Überheblichkeit: Der Schüler tut sich immer wieder dadurch hervor, dass er Ihre Anweisungen boykottiert. Wenn Sie sich dabei herabgesetzt fühlen, dann zielt der Schüler womöglich auf einen Machtkampf ab. Hier ist Vorsicht geboten.

Achtung!

Nehmen Sie einen solchen Machtkampf niemals an, der Ausgang steht von Beginn an fest: Sie verlieren. Niemals werden Sie zu Mitteln greifen, die ein für seine Anerkennung kämpfender Schüler einzusetzen bereit ist. Es ist von Anfang an ein ungleicher Kampf.
Denken Sie eher daran, dass der Schüler diese Strategie wählt, um mehr Selbstwert und Anerkennung in der Schule zu erlangen. Dass die Strategie nicht von Erfolg gekrönt sein wird, ist Ihnen klar – aber dem Schüler nicht.

Gleich mal ausprobieren

- Geben Sie dem Schüler die Möglichkeit, sich zu profilieren (Tipp 62).
- Nehmen Sie ihn öfter dran. Setzen Sie ihn nach vorne, sodass er sich beachtet fühlt. Reden Sie möglichst viel in der Pause mit ihm.
- Verweigern Sie Sanktionen: „Ich kann dich zu nichts zwingen." Warten Sie ab. Bald wird er Ihr treuester, wenn auch anstrengendster Schüler.

› Tipp 62

91 Störern Paroli bieten

Wenn der Ärger schon hochgekommen ist und Sie nicht mehr weiter wissen, dann hilft „positiv Ankern".

Gleich mal ausprobieren

Irgendetwas wird auch der Störer gut können. Finden Sie eine solche positive Eigenschaft bei ihm.
Haben Sie eine gefunden, dann geben Sie ihm eine dazu passende Aufgabe. Diese muss nichts mit Mathematik oder Deutsch zu tun haben. Es kann sich auch um organisatorische oder körperliche Tätigkeiten handeln.

Lob erhält die Gesprächsebene

Der springende Punkt dabei ist, dass Sie miterleben, dass der Störer etwas zustande bringt. Loben Sie ihn dafür. Sie erlauben sich selbst damit eine Gesprächsebene, die Ihnen den kühlen Kopf zurückgibt.
Wichtig ist, zu üben, sich nicht vom Ärger übermannen zu lassen und Fassung zu bewahren.
Sie tun sich leichter, wenn Sie sich zudem in Schlagfertigkeit üben. Damit können Sie sich die unangenehmen Seiten an ihm auf Distanz halten. Zudem hilft das auch mal bei kleinen Diskussionen zwischendurch. Es kann sich ja kaum jemand außerhalb unserer Profession vorstellen, wie schnell wir kommunizieren müssen. Da ist es schon angebracht, sich auf Angriffe gut vorzubereiten.

92 Keine Begeisterung erwarten

› Tipp 3

Jedes Thema im Mathematik- oder Sachunterrichtsbuch bringt die Unsicherheit mit sich, ob die Schüler Interesse dafür entwickeln. Jede Stunde enthält die Möglichkeit, dass die Kinder nicht begeistert mittun. Also, so wird einem als Junglehrer suggeriert, muss ich noch schülernäher und mitreißender sein. Manchmal spiele ich dann den Showmaster, um meine „Message" rüberzubringen (Tipp 3). Manchmal beeindrucke ich auch mit genialem Unterrichtsmaterial. Aber hin und wieder erwische ich mich dennoch bei dem Gedanken, dass ich noch mehr Edutainer sein müsste, damit mein Unterricht beim Publikum ankommt.

Lehrer als Edutainer?

Um die Ecke gedacht

Wenn Sie mit Freunden unterwegs sind und einen Ihrer Meinung nach lohnenden Umweg vorschlagen, rechnen Sie insgeheim damit, dass der eine oder andere sich dagegen aussprechen wird. Manchmal braucht die Gruppe auch etwas Zeit, um sich zu einigen. Warum sollte das in der Klasse anders sein? Wieso sollten die Schüler bei jeder Ihrer Ideen sofort in Begeisterung ausbrechen? Es ist ganz natürlich, dass Sie einmal Begeisterung und ein anderes Mal Gähnen ernten.

Denken Sie an ein Computerspiel. Es verschlingt in der Entwicklung mehrere Millionen Euro, damit es eine Chance auf die Zustimmung der Kunden hat. Zudem werden selbst die besten Spiele nur von einer Minderheit gekauft und gespielt. Niemand kann täglich feuerwerksartige Unterrichtseinstiege liefern, die ebenso viel Neugier und Begeisterung wie ein Spieleblockbuster auslösen. Wir Lehrer sollen uns nicht als Edutainment-Konkurrenten ins Burn-out treiben lassen.

Sich nicht ins Burn-out treiben lassen!

Gleich mal ausprobieren

Rechnen Sie immer auch mit wenig Begeisterung der Kinder. Freuen Sie sich an der Mehrheit, die einwilligend folgt, und ärgern Sie sich auf keinen Fall über die anderen (Tipp 22).

Wir können von der Unterhaltungsindustrie insofern lernen, als es niemals eine Idee gibt, die alle gut finden, jedoch immer Hoffnung besteht, dass in Zukunft die Zustimmung für andere Projekte gewonnen werden kann. Deshalb ist es wichtig, die eigene Unterrichtsvorbereitung für gut zu befinden, aber denen nicht böse zu sein, die diese nicht so gut finden.

Zustimmung beim nächsten Mal gewinnen

93 Angst gelassen beobachten

Über Lampenfieber spricht man im Lehrerzimmer im Rahmen von Anekdoten aus der Zeit des Berufsanfangs ganz gern, aber Angst kennen wir alle angeblich nur aus dem Wörterbuch. Dabei ist sie das Gefühl, das uns Menschen am stärksten bewegt. Es kommt darauf an, ihr nicht hilflos ausgeliefert zu sein. Darüber sollte im Lehrerzimmer sehr wohl gesprochen werden (Tipp 26).

› Tipp 26

Weil Sie, wie jeder Mensch, nicht ohne Furcht sind, kann das Auftauchen eines Elternteils oder das Verhalten eines schwierigen Schülers bei Ihnen eine Gedankenkette der Angst auslösen: Sie fürchten um den Respekt der anderen Kinder oder einfach um das Gelingen des Unterrichtstages.

Angst breitet sich aus

Während Sie dem Schüler durchaus schlagfertig antworten und den Unterricht fortsetzen, breitet sich Angst in Ihnen aus. Auch wenn Sie sich tapfer auf den Unterricht konzentrieren, bleibt Ihnen immer weniger Kraft dafür. Hoffentlich endet dieser Vormittag bald.

Angst gehört zum Job dazu

Es ergibt keinen Sinn, als Lehrer angstfrei werden zu wollen. Akzeptieren Sie die Tatsache, dass Angst zu unserem Job dazugehört. Alles, was Sie tun müssen, ist, sich von ihr nicht jeden Handlungsspielraum nehmen zu lassen.

Ein probates Mittel ist es dabei, der Angst mit Gelassenheit zuzusehen, sich in Angst schürenden Situationen also innerlich zu einem Beobachter der eigenen Gefühle zu machen.

Teilnahmslos das Gefühl beobachten

„Oh, jetzt hat er einen wunden Punkt getroffen. Ich spüre schon, wie die Angst um mein Ansehen (um meinen fachlichen Ruf, um den Erfolg der Stunde) in mir aufsteigt. Ja, das ist völlig normal und gehört zu mir. Ich will ihr einfach mal teilnahmslos zuschauen, wie sie aufsteigt und sich dann wieder beruhigt."

In dem Moment, in dem Sie Ihre Angst sorgenlos als Zuschauer betrachten und als natürlich werten, verliert sie die Möglichkeit, ganz von Ihnen Besitz zu ergreifen. Sie gewinnen Handlungsspielraum, den Sie sofort für den Unterricht nutzen können.

Gleich mal ausprobieren

Folgende Vorübungen können hilfreich sein:

- Beobachten Sie täglich für eine kurze Zeit Ihre inneren Gefühle, ohne darüber nachzudenken – rein meditativ also.
- Denken Sie alle paar Tage an eine Situation in der Vergangenheit, in der Sie Angst hatten. Lassen Sie die Angst zu und warten Sie entspannt auf das Nachlassen des Gefühls.

In der Angst machenden Situation im Unterricht wenden Sie sich dann kurz als gelassener Betrachter Ihrer Angst nach innen. Sie bemerken Ihre Angst und lassen sie zu. Damit haben Sie sich automatisch von der Angst abgekoppelt und bewahren einen kühlen Kopf (Tipp 20).

› Tipp 20

Mit einiger Übung geht das in Bruchteilen von Sekunden. Ihre vermehrte Achtsamkeit gegenüber den eigenen Gefühlen gibt Ihnen mehr Impulskontrolle. In der Unterrichtssituation ist zwar keine Zeit, sich meditativ zu versenken, doch unterbricht schon diese kurze gelassene Beobachtung der eigenen Angst deren Weg zur Besitzergreifung über Sie. Damit erreichen Sie kein langfristiges Wohlbefinden, aber viel Handlungsspielraum. Ihre Stimmung wird neutral oder sogar wieder positiv und der Unterricht gelingt wesentlich besser. Paradoxerweise gibt uns das Zulassen der Angst mehr Freiheit als der hektische Kampf dagegen oder gar die Verleugnung.

SOS-Tipp

Der Trick funktioniert als Gedankenspiel nur, wenn Sie Ihre Angst ehrlich und aufrichtig zulassen. Solange Sie sich die Angst wegwünschen oder sich vor ihr fürchten, bleibt die Methode wenig effektiv. Achtsamkeitsübungen jeder Art helfen vorbereitend. Diese Methode kann die therapeutische Behandlung festsitzender Ängste nicht ersetzen.

94 Nicht für das System leiden

Die Regelschule bringt nicht allen Schülern Lernerfolg – das ist zwar ein Missstand, aber den nehmen Sie bitte nicht auf Ihre Kappe! Wenn Sie eine psychotherapeutische Ader haben, dann räumen Sie dem Thema „Schülerleiden in der Regelschule" im Unterricht Platz ein. Ansonsten geben Sie einfach den Eltern die Sprechstunden des Schulpsychologen bekannt. Als Lehrer sind Sie nicht für alle Störungen der Schüler verantwortlich (Tipp 98)!

› Tipp 98

Viele Lehrer sind mit der Schulorganisation sehr unzufrieden, weil sie die Unzulänglichkeiten hautnah spüren: Raumknappheit, Materialknappheit, Baumängel, kaputte Kopierer, zu wenig Kopierpapier … Aber sind wir wirklich verpflichtet, diese Defizite wettzumachen? Vielleicht können Sie Ansätze von forschendem Lernen oder jahrgangsübergreifenden Projekten realisieren. Dafür, dass solche Hybridformen im Ergebnis immer hinter dem Ideal zurückbleiben werden, sind nicht Sie verantwortlich. Hier unterscheiden sich Profis von Amateuren darin, dass Letztere die Zufriedenheit mit Ihrer Arbeit im Lernerfolg der Schüler suchen. Als Profi aber übernehmen Sie die Verantwortung allein für die Unterrichtsgestaltung: Diese soll zu den Schülern und dem Thema passen. Sie muss aber auch den Rahmenbedingungen der Regelschule Tribut zollen. Unseren professionellen Einfluss auf das Lernergebnis legt die empirische Wissenschaft mit 20 bis 40 Prozent fest. Genug, um sich anzustrengen, zu wenig, um Erfolg zu garantieren.

Verantwortungsbereich Unterrichtsgestaltung

Gleich mal ausprobieren

- **Nehmen Sie die Unvollkommenheit der Schule nicht auf Ihre Schultern.**
- **Definieren Sie konkrete Aufgaben im und um den Unterricht herum, für die Sie wirklich die Verantwortung übernehmen können.**
- **Seien Sie stolz auf Ihre Erfolge in diesen Gebieten!**

Reality Check

95

An manchen Tagen ist die Welt Grau in Grau. Man fühlt sich als Teil einer Maschinerie, die sich nicht um das Wohlergehen der Menschen kümmert. Die Fenster im Lehrerzimmer schließen immer noch nicht dicht, der Wasserhahn gibt entweder kein Wasser oder den vollen Strahl, auf dem Schaukasten liegt der Staub …

Mit etwas gutem Willen und ein wenig mehr Geld könnte die Schule gleich viel besser dastehen. Die schlechten Rahmenbedingungen für Lehrer und Schüler könnte man auch als „strukturelle Demütigung“ bezeichnen.

Strukturelle Demütigung

Leicht heften sich solch bedrückende Fantasien an einen einzelnen objektiven Mangel. Der steht nun für die Unerreichbarkeit der eigenen Idealvorstellung von Schule gegenüber. Es tut sich ein großer Graben auf und macht unglücklich.

Aber wie ist es wirklich? Wie sehr bedrücken mich die undichten Fenster und Wasserhähne wirklich? Wie viel Unterschied macht ein anderer Stundenplan für meinen Alltag wirklich aus? Machen Sie den Reality Check:

Gleich mal ausprobieren

Nehmen Sie einen Umstand her, der Sie nervt.

- Sind Sie schon im Vorfeld angespannt?
- Was genau nervt Sie?
- Was fühlen Sie in der Situation?
- Welche Mühe macht der missliche Umstand ganz konkret?

Jetzt haben Sie die konkrete Last herausgearbeitet. Es ist Zeit, sich damit zu versöhnen (wohlgemerkt: nicht abzufinden).

Wälzen Sie solche oder ähnliche Gedanken:

- Ich komme auch mit diesem Umstand zurecht.
- Ich werde es mir auch in dieser Umgebung gemütlich machen.
- Auch mit diesen Bedingungen wird es schöne Stunden und Tage geben.

Das Wichtigste ist, dass Sie nicht unter dem Gegensatz Realität – Anspruch unnötig leiden. Sie vergeuden mit täglichem Ärger viel Energie, die Sie mit versöhnlichen Gedanken zurückgewinnen können (Tipp 66).

› Tipp 66

Vielleicht erhalten Sie so den langen Atem, mit dem Sie eine objektive Verbesserung durchsetzen können.

Resilienz im Lehrberuf

96

Widerstandskraft trainieren

Der Lehrberuf ist viel anstrengender geworden als er noch vor 20 Jahren war: Die Schülergruppen sind heterogener, die Ansprüche der Eltern sind unterschiedlicher denn je, es herrschen keine einheitlichen Vorstellungen von Erziehung, die Schüler sind psychisch oft sehr belastet durch überzogene Leistungserwartungen, Scheidungen usw. Trainieren Sie Ihre Widerstandskraft folgendermaßen:

Optimistisch bleiben

Bleiben Sie optimistisch, auch wenn in der Schule einmal nicht alles rund läuft. Eltern sind lästig, die Direktion fordert Dinge ein, die wenig sinnvoll sind. Eine optimistische Grundhaltung führt zu mehr Gelassenheit und nicht zu einer negativen Gedankenspirale (Tipp 14).

› Tipp 14

Akzeptieren, was nicht zu ändern ist

In der Schule muss man bestimmte Dinge einfach akzeptieren. Ein schwieriger Schüler wird von heute auf morgen nicht einfacher. Eltern sind nun mal wie sie sind. Nicht ärgern und gegen Windmühlen kämpfen! Auch eigene Fehler und Schwächen gilt es, zu akzeptieren (Tipp 88).

› Tipp 88

Lösungsorientierung trainieren

Manchmal entwickelt sich eine Klasse ungünstig. Die guten Schüler werden immer besser, die schwächeren Schüler werden schlechter. Diesem Problem muss man sich stellen und verschiedene Lösungen erarbeiten. Es macht keinen

Sinn, sich lange mit Ursachenforschung zu beschäftigen. Der lösungsorientierte Lehrer blickt in die Zukunft: „Wie kann ich die schwächeren Schüler besser motivieren?", „Wie kann ich meinen Unterricht abändern, um allen Schülern gerecht zu werden?" (Tipp 4)

› Tipp 4

Verantwortung übernehmen – Opferrolle ablegen

Manche Lehrer neigen dazu, sich oft zu beschweren, dass die Klasse heute wieder so laut war, dass eine Kollegin zu spät in die Stunde gekommen ist, dass alle Arbeit an ihnen hängen bleibt usw. Solche Lehrertypen gefallen sich in der Opferrolle und schwächen sich dabei selber. Sie bekommen eine Zeit lang Zuwendung, aber irgendwann zieht sich das Umfeld zurück.

Wichtig ist es, aus dieser Opferrolle auszusteigen und sich konstruktiv (schön wäre Supervision) mit Konflikten auseinanderzusetzen. Wenn man Verantwortung übernimmt, wird man zum aktiven Gestalter. Man ist dann in der Lage, „nein" zu zusätzlichen Verpflichtungen zu sagen. Man kann plötzlich eine nervige Kollegin zurückweisen und beklagt sich nicht hinter deren Rücken (Tipp 98).

› Tipp 98

Gut für sich selber sorgen

Selbstregulation ist die Fähigkeit, sich aus eigener Kraft wieder in Balance bringen zu können. Nach der Arbeitszeit folgt Freizeit, nach Anspannung Entspannung. Lehrer neigen oft zur Selbstausbeutung und achten zu wenig auf ausreichenden Schlaf, Entspannung, Bewegung an der frischen Luft, Besuch im Fitnessstudio usw. Das rächt sich bald, weil Sie Ihren Körper und Ihre Gefühle auspowern. Wichtig ist, innezuhalten und die Signale des Körpers wahr- und ernstzunehmen (Tipp 26)!

› Tipp 26

Beziehungen und Netzwerke gestalten

Nehmen Sie sich Zeit, private Freundschaften zu gewinnen und zu pflegen. Beteiligen Sie sich an Initiativen und Vereinen. Streben Sie im Beruf zumindest punktuelle Kooperationen an: Tauschen Sie gemeinsam mit einer Kollegin, die eine Parallelklasse führt, Vorbereitungen und Ideen aus (Tipp 64).

› Tipp 64

Zukunft gestalten

Sollten Sie sich an Ihrem Schulstandord nicht mehr wohl fühlen, dann überlegen Sie ernsthaft einen Wechsel. Oder können bestimmte Änderungen den Arbeitsalltag wieder erträglicher machen (Tipp 83)?

› Tipp 83

Gleich mal ausprobieren

Entspannung eintragen

Notieren Sie sich, was Sie nach der anstrengenden Unterrichtstätigkeit wieder entspannt.
Welche Körpersignale sendet Ihr Körper, wenn Sie zu gestresst sind?
Nehmen Sie sich Zeit, Ihre Gedanken zu notieren (Tipp 67)! Dann nehmen Sie den Kalender zur Hand und tragen jede Woche Tätigkeiten ein, die Ihnen gut tun (Tipp 10). Versuchen Sie, sich daran zu halten!

› Tipp 67
› Tipp 10

97 Konzert ohne Klasse

Endlich wieder ein Kulturabend! Sie überfliegen das Programm schnell. Es läutet zum dritten Mal, schon erscheint die Dirigentin, verbeugt sich, dreht sich um und hebt den Dirigentenstab.
Gegen Ende des ersten Satzes stellen Sie sich die Frage, wie Sie diesen Genuss auch den Kindern Ihrer Klasse zugute kommen lassen könnten. Vielleicht gibt es nach der Vorstellung eine CD zu kaufen. Spielt das Orchester auch mal am Vormittag für Schulklassen? Werden Schul-Workshops angeboten (Tipp 75)?

› Tipp 75

Um die Ecke gedacht

Ohne Frage gehört Kunsterleben zum schulischen Bildungsauftrag. Was liegt da näher, als Ihren eigenen Zugang zu den Künsten mit den Kindern zu teilen? Dazu

brauchen Sie jedoch eigene (!) Erlebnisse, die Sie ganz um Ihrer selbst Willen gemacht haben.
Seien Sie in Ihrer Freizeit einfach frei von Arbeit und lassen Sie sich von der Musik gedankenlos berühren. Es ist Ihr eigenes Erlebnis, das Sie sich ganz selbst gönnen können.

Gleich mal ausprobieren

Tauchen bei Ihrem privaten Kunsterlebnis Fragen nach der Verwertbarkeit für die Schule in Ihrem Hinterkopf auf, freuen Sie sich darüber: „Ach, wie eine engagierte Lehrerin ich doch bin!"
Verschieben Sie das Nachdenken darüber auf die Zeit nach der Veranstaltung: „Später kann ich das viel besser beurteilen, nun muss ich mich mal auf das Jetzt konzentrieren."

Im Jetzt sein

Sprechen Sie sich Gewissheit zu, dass Ihnen dieses Konzert einfallen wird, wenn Sie bei der nächsten Teamsitzung über den Musikunterricht sprechen: „Auch ohne Protokoll zu führen, wird dieser Abend einen produktiven Niederschlag in meinem Musikunterricht finden."

Ein Konzert ohne Klasse ermöglicht Ihnen einen erholsameren Genuss und macht Ihren Unterricht in Zukunft noch authentischer.

98 Verantwortung übernehmen und zurückweisen

Viele Lasten unserer Arbeit entstehen in Tätigkeitsbereichen, die außerhalb unseres Kernbereichs, der Unterrichtsgestaltung, liegen. Man denke da an sozialpädagogische, psychotherapeutische, organisationsentwickelnde, leistungsselektierende, bildungsberatende, medizinische und lebensberatende Aufgaben, die von vielen Seiten an uns herangetragen werden. Oftmals stellen auch wir selbst Forderungen an uns, die nur ein Fachmann der jeweiligen Disziplin wirklich erfüllen kann (Tipp 5).

› Tipp 5

Nur Profi für Ihr Fachgebiet

Ein echter Profi aber lehnt Arbeiten ab, die er nicht qualifiziert ausführen kann. Welcher Installateur wird bei Ihnen neben der Erneuerung der Leitungen noch den Boden verlegen? Obwohl er das prinzipiell sicherlich könnte, wird er den Auftrag ablehnen. Und er geht noch weiter: Er übernimmt nicht einmal die Haftung dafür, dass Sie mit seinen Installationen Energie sparen werden. Er berät Sie vielleicht, welche Handhabung der Installationen sinnvoll wäre, doch den Rest müssen Sie selbst in die Hand nehmen (Tipp 77). Sie wollen, dass junge Menschen die Schule als interessierte, leistungswillige und selbstbewusste Kinder verlassen? So sehr wir diese Ziele mit Ihnen teilen, so sollten Sie niemals persönlich Verantwortung übernehmen! Bedenken Sie den Unterschied zwischen dem Verfolgen eines Ziels und der Verantwortung für dessen Erreichen. Wie der Installateur nur für die technische Ausführung haftet und es Ihnen überlässt, in welchem Ausmaß Sie Energie sparen, so sind auch wir Lehrer nur für unser Tun verantwortlich. Doch wir können beim besten Willen niemanden zum Lernen und zum Wohlverhalten oder zum Erfolg im Leben zwingen – auch nicht mit den besten Erziehungstricks!

› Tipp 77

Gleich mal ausprobieren

- Um herauszufinden, für welche Ergebnisse hinsichtlich der Bildung und Erziehung Ihrer Schüler Sie verantwortlich sein möchten, grenzen Sie diese möglichst konkret ein.
- Fragen Sie sich, welche substanziellen Beiträge Sie durch Ihre Arbeit dazu professionell leisten können.
- Erklären Sie sich für alle anderen Gebiete zum Amateur und entledigen Sie sich der Verantwortung dafür.

SOS-Tipp

Ein gutes Schulklima benötigt gegenseitiges Verständnis und Mitgefühl – aber eben auch professionelle Selbstbeschränkung. Echte Hilfe kann nur von den Profis auf dem betreffenden Gebiet kommen. Halten Sie sich aus allem anderen professionell heraus.

99

In der Grundschule werden meist die ersten beiden Schuljahre verbal beurteilt. Eltern und Kinder können sich dadurch nur vage einschätzen. Spannend wird es dann in der dritten Klasse, wenn zum ersten Mal Noten vergeben werden. Am Elternabend im September werden Sie daher schon die Eltern aufklären, was schriftliche und mündliche Mitarbeit ist, und dass die Form in den Heften auch wichtig ist (Tipp 51).

› Tipp 51

Es soll für Eltern möglichst transparent werden, woraus sich die Note zusammensetzt. Unangenehm wird es bei Familien, die sich nach der vierten Klasse einen Übertritt ihres Kindes ins Gymnasium wünschen, die Noten aber nur für die Realschule reichen (Tipp 52).

› Tipp 52

Klären Sie Eltern rechtzeitig darüber auf, damit es keine bösen Überraschungen gibt. Geben Sie Übungstipps für zu Hause, weil die Zeit in der Schule für schwache Schüler meist nicht ausreicht.

Die wirklich harten Diskussionen gibt es dann im ersten Halbjahr der vierten Klasse (Tipp 54). Holen Sie sich Rückendeckung beim Direktor, sammeln Sie alle Ansagen und Tests, um Ihre Note besser absichern zu können. Und lassen Sie sich nicht unter Druck setzen! Die Selektion nach der vierten Klasse Grundschule ist für alle eine Nervenprobe.

› Tipp 54

Druck von den Eltern

Gleich mal ausprobieren

Lassen Sie die Schüler sich selbst ein Zeugnis ausstellen – ein Kinderzeugnis. Sie werden merken, wie streng sich Kinder selbst beurteilen

Erklären Sie jedem Schüler einzeln seine Noten. Ihr Ziel sollte es sein, dass der Schüler weiß, warum er diese Note bekommt.

Mit dieser Vorgehensweise festigen Sie Ihre Stellung als Lehrer mit Fach- und Sozialkompetenz. Sie haben den Überblick über die ganze Klasse und haben schon viele Schüler unterrichtet. Diese Gesamtsicht fehlt Eltern weitgehend.

Diese sehen nur das eigene Kind, von dem sie hoffentlich auch bei schlechten Noten begeistert sind.

Diskussionsfähigkeit schulen

Sie selbst können in den Notendiskussionen durch Verständnis, Argumentation, Kompromissfähigkeit, Abwehr von unbegründeten Argumenten und Aufrechterhaltung eines respektvollen Gesprächsklimas punkten (Tipp 48).

› Tipp 48

Literatur

Altrichter, Herbert/Posch, Peter (2007): Lehrerinnen und Lehrer erforschen ihren Unterricht. Bad Heilbrunn.

Bauer, Joachim (2008): Lob der Schule. München.

Bimbi-Dresp, Michaela (2006): Das große Pilates-Buch. München.

Dreikurs, Rudolf/Grundwald, Bernice/Pepper, Floy (2007): Lehrer und Schüler lösen Disziplinprobleme. Weinheim und Basel.

Dusolt, Hans (2001): Elternarbeit. Weinheim und Basel.

Felten, Michael/Stern, Elsbeth (2012): Lernwirksam unterrichten. Berlin 2012.

GEO Magazin, Österreich-Ausgabe, Mai 2013

Grell, Jochen und Monika (1999): Unterrichtsrezepte. Weinheim und Basel.

Gudjons, Herbert (2006): Neue Unterrichtskultur – veränderte Lehrerrolle. Bad Heilbrunn.

Helmke, Andreas (2004): Unterrichtsqualität – erfassen, bewerten, verbessern: Seelze.

Hergovich, Doris/Mitschka, Ruth/Valtingojer, Markus (2008): Macht leben. Wien.

Hillert, Andreas (2007): Das Anti-Burnout-Buch für Lehrer. München.

Horn, Sabine/Seth, Martina (2013): Stressfrei, gerne und erfolgreich arbeiten, Resilienz im Beruf. Freiburg im Breisgau.

Kaltwasser, Vera (2008): Achtsamkeit in der Schule. Weinheim und Basel.

Klement, Karl (2009): Beobachten lernen – Begabungen entdecken. Wien und Berlin.

Knauder, Hannelore (2005): Burn-out im Lehrberuf. Graz.

Kretschmann, Rudolf (2006) (Hrsg.): Stressmanagement für Lehrer und LehrerWeinheim und Basel.

Kutting, Dirk (2009): Lehrer und Gesundheit. Göttingen.

Meyer, Hilbert (2004): Was ist guter Unterricht? Berlin.

Miller, Reinhold (2000): Sich in der Schule Wohlfühlen. Weinheim und Basel.

Schaarschmidt, Uwe/Kieschke, Ulf (2007): Gerüstet für den Schulalltag, Weinheim und Basel.

Schlegel, Peter/Bernitzke, Fred (2004): Das Handbuch der Elternarbeit. Troisdorf.

Shazer de, Steve in: Ehinger, Wolfgang/Hennig, Claudius (2006): Das Elterngespräch in der Schule. Donauwörth.

Singer, Kurt (1994): Lehrer-Schüler-Konflikte gewaltfrei regeln. Weinheim und Basel.

(Die Verweise beziehen sich auf die jeweiligen Tipp-Nummern

U

V

Z